Curso de español lengua extranjera

Experiencias

INTERNACIONAL **A1+A2**

Patricia Sáez Garcerán
Rebeca Martínez Aguirre

Libro de ejercicios

1.ª edición: 2020
4.ª impresión: 2025

© Edelsa, S. A. Madrid, 2020
© Autoras: Patricia Sáez Garcerán y Rebeca Martínez Aguirre

Equipo editorial
Coordinación editorial: Mila Bodas
Edición y corrección: Alicia Iglesia
Diseño de cubierta: Carolina García
Diseño y maquetación de interiores: Estudio GRAFIMARQUE, S. L. y Carolina García

Fotografías
123 RF, p. 7 logo de Twitter [dreamcursor] © 123RF.COM; Marc Márquez [mik38] © 123RF.COM; Isabel Allende [Marlene VD] © 123RF.COM; p. 8 comisaría [tktktk] © 123RF.COM; p. 9 Enrique Iglesias [Penny Mathews] © 123RF.COM; Roger Federer [Leonard Zhukovsky] © 123RF.COM; Sofía Vergara [buzzfuss] © 123RF.COM; Javier Bardem [buzzfuss] © 123RF.COM; Shakira [buzzfuss] © 123RF.COM; p. 22 Ciudad de México [Dan Talson] © 123RF.COM; p. 23 Los Reales Alcázares [Massimo Santi] © 123RF.COM; p. 27 Bilbao [Manuel Cuadro] © 123RF.COM; p. 64 plaza Murillo [Darko Vrcan] © 123RF.COM; p. 76 exposición de pintura [Philippe Halle] © 123RF.COM; p. 102 La Boquería [venakr] © 123RF.COM, [radub85] © 123RF.COM; Mercado de San Miguel [kasto] © 123RF.COM, [Ekaterina Belova] © 123RF.COM, Mercado de Colón [Marc Venema] © 123RF.COM, [pabkov] © 123RF.COM; Mercado de San Telmo [blackalex] © 123RF.COM, [MARIUSZ PRUSACZYK] © 123RF.COM; p. 113 plaza Mayor de Salamanca [saiko3p] © 123RF.COM, grafitis en Salamanca [Andrey Salamchev] © 123RF.COM
Cubiertas de ediciones Cátedra, p. 61

Audio
Locuciones y montaje sonoro: Bendito Sonido
Voces: Olga Hernangómez y Ángel Morón

ISBN: 978-84-9081-388-1
Depósito legal: M-8614-2020

Impreso en España / *Printed in Spain*

- Las normas ortográficas seguidas en este libro son las establecidas por la Real Academia Española en su última edición de la *Ortografía*.
- La editorial Edelsa ha solicitado los permisos de reproducción correspondientes y da las gracias a todas aquellas personas e instituciones que han prestado su colaboración.
- Las imágenes y documentos no consignados más arriba pertenecen al Departamento de Imagen de Edelsa.
- Cualquier forma de reproducción de esta obra solo puede ser realizada con la autorización de la editorial, salvo excepción prevista por la ley. Diríjase a CEDRO (Centro Español de Derechos Reprográficos, www.cedro.org) si necesita fotocopiar o escanear algún fragmento de esta obra.

ÍNDICE

Unidad 1 ¿Quién eres?
Presentarse en un grupo .... p. 4 - 11

Unidad 2 ¿Qué haces y cuándo?
Decir los horarios .... p. 12 - 19

Unidad 3 ¿Dónde vives?
Hablar del barrio donde vives .... p. 20 - 27

Unidad 4 ¿Cómo eres?
Hablar de las personas y las relaciones .... p. 28 - 35

Unidad 5 ¿Te gusta?
Expresar gustos .... p. 36 - 43

Unidad 6 ¿Cuál es tu imagen?
Describir la ropa y el aspecto físico .... p. 44 - 51

Unidad 7 ¿Tienes una vida sana?
Aconsejar hábitos saludables .... p. 52 - 59

Unidad 8 ¿Qué experiencias importantes has tenido?
Escribir una historia personal .... p. 60 - 67

Unidad 9 ¿Qué tal te encuentras?
Hablar de enfermedades y remedios .... p. 68 - 75

Unidad 10 ¿Te gusta la naturaleza?
Describir un lugar o un recuerdo .... p. 76 - 83

Unidad 11 ¿Has vivido en el extranjero?
Prepararse para el mundo laboral .... p. 84 - 91

Unidad 12 ¿Nos vamos de excursión?
Contar una experiencia en la naturaleza .... p. 92 - 99

Unidad 13 ¿Cómo ha cambiado tu vida?
Comparar actividades, antes y ahora .... p. 100 - 107

Unidad 14 ¿Estás en forma?
Recomendar el ejercicio y el juego .... p. 108 - 115

Transcripciones .... p. 116 - 120

UNIDAD 1 ¿QUIÉN ERES? | SECUENCIA 1

1 ¡HOLA! ¿QUÉ TAL?

1. Es el primer día de clase. Ayuda a los alumnos a saludar y despedirse.

Hola, buenos días, ¿qué tal? | Adiós, hasta mañana | Hola, buenas tardes

a. .... b. .... c. ....

2 ¿CÓMO TE LLAMAS?

1. Marta, la profesora, conoce a sus estudiantes. Lee los diálogos y completa las fichas.

— ¡Hola! Me llamo Marta, Marta López, y soy profesora. Y tú, ¿cómo te llamas?
— Buenos días, Marta. Yo me llamo Erika.
— ¿Cuál es tu apellido?
— Lenz.
— ¿De dónde eres?
— Soy alemana, de Berlín. ¿Y tú?
— Soy española, de Salamanca.

— Y tú, ¿cómo te llamas?
— Soy Massimo.
— ¿Eres italiano?
— Sí, soy italiano, de Milán.
— ¿Y cuál es tu apellido?
— Baldi, me llamo Massimo Baldi.
— Encantada, Massimo.
— ¡Encantado!

AYUDA
➲ Decir el nombre
-Me llamo Erika.
-Soy Erika.

Nombre: Marta
Apellido: ....
País: ....
Nacionalidad: ....
Ciudad: ....

Nombre: ....
Apellido: ....
País: ....
Nacionalidad: ....
Ciudad: ....

Nombre: ....
Apellido: ....
País: ....
Nacionalidad: ....
Ciudad: ....

2. Ayuda a Erika y a Massimo a organizar la información y completa.

Saludos
—
—

Preguntas de información personal
—
—
—

Nombre	Apellido
—	—
—	—
—	—

Nacionalidades
—
—
—

Ciudades
—
—
—

Países
—
—
—

3. Ahora, pregunta a tu profesor/-a y completa su ficha.

Nombre: ....
Apellido: ....
País: ....
Nacionalidad: ....
Ciudad: ....

4. Ayuda a Marta. Relaciona y subraya los verbos.

a. yo
b. tú
c. él
d. nosotras
e. vosotros
f. ellas

1. Son de México.
2. Me llamo…
3. ¿De dónde eres?
4. Es de Argentina.
5. Somos españolas.
6. ¿Cómo os llamáis?

3 ¿CÓMO SE ESCRIBE?

🎧 LABORATORIO DE FONÉTICA

Las frases afirmativas, interrogativas y exclamativas

- En español, las frases terminan con un punto (.).
  Soy Marta.
- En las frases interrogativas se usan los signos de interrogación (¿?) al principio y al final de la frase.
  ¿Cómo se escribe?
- En las frases exclamativas se usan los signos de exclamación (¡!) al principio y al final de la frase.
  ¡Bienvenido!

1. Completa las frases con ¿?, ¡! o .

a. Cómo te llamas
b. Encantado
c. Me llamo Celia
d. Hola
e. Qué tal
f. Soy argentina

2. Escucha y marca la opción correcta, como en el ejemplo.

<u>¿Eres española?</u>/Eres española.

a. Es profesora./¿Es profesora?
b. Son argentinos./¿Son argentinos?
c. Sois de París./¿Sois de París?
d. ¿Te llamas Pablo?/Te llamas Pablo.

cinco | 5

UNIDAD 1 ¿QUIÉN ERES? | SECUENCIA 2

1 ¿DE DÓNDE ERES?

1. En la fiesta de fin de curso los profesores presentan platos de su país. ¿De dónde son?

a. La *pizza* es ....

d. La paella es ....

b. El dulce de leche es ....

e. Los crepes son ....

c. El cuscús es ....

f. El *sushi* es ....

• ¿Conoces otros platos típicos? ¿Cuáles son y de dónde vienen?

....

2 ¿QUÉ LENGUAS HABLAS?

1. ¿Qué lenguas hablan los profesores de la escuela?

Marta López habla muy bien español, bien inglés y un poco de francés. Quiere estudiar portugués.

– Marie Deschamps ....

– Mariko Yamamoto ....

– Las tres ....

– Dos ....

2. ¿Y tú? ¿Qué lenguas hablas?

3 ¿POR QUÉ ESTUDIAS ESPAÑOL?

1. En la escuela reciben estos mensajes por Twitter. Completa con *para* o *porque*.

https://twitter.com

María Pérez

Buenos días, ¿buscas información sobre nuestros cursos de idiomas? a quién seguir

@ilovetetaly: ¡Hola! Me llamo Valentina, hablo inglés, francés e italiano porque soy de Roma. Ahora quiero aprender español .... hablar con mi amiga chilena.

@locodecadiz: ¡Buenos días! Quiero aprender chino .... trabajo mucho con compañeros de allí.

@k-popforever: Hola, ¿qué tal? 😊 Quiero aprender coreano .... vivir allí.

@camoesalpoder: Hablo un poco de portugués y quiero hablar muy bien .... viajo mucho a Río de Janeiro. Muchas gracias.

@muchaslenguas: Hablo inglés, francés, español y un poco de chino... ¡Ahora quiero aprender ruso .... mi novia es de Moscú! ❤

@Pedro34: Soy Pedro, hablo español, inglés, árabe y quiero aprender japonés .... viajo mucho a Japón. ¡Gracias por la información!

@Martha: ¡Hola! Quiero estudiar español .... ir de vacaciones a Madrid.

2. Para la fiesta, cada profesor presenta a un personaje famoso de su país. Escucha y escribe el nombre en cada imagen. Luego, completa las fichas.

Nombre:
Apellidos: Márquez Alentà
Nacionalidad y país: /
Profesión:
Lenguas:

Nombre:
Apellidos: Allende Llona
Nacionalidad y país: peruana /
Profesión:
Lenguas:

4 CONOCE A TUS COMPAÑEROS

1. Pregunta a tus compañeros por qué estudian español y escribe sus respuestas.

....
....
....

UNIDAD 1 ¿QUIÉN ERES? | SECUENCIA 3

1 ¿QUÉ HACES?

1. Escribe la profesión que corresponde a cada imagen.

bombero | informático | enfermera | cantante | peluquero | policía

a. .... b. .... c. .... d. .... e. .... f. ....

2 ¿CUÁL ES LA PROFESIÓN MÁS INTERESANTE?

1. Marta hace esta actividad en clase. Observa las fotos y escribe la profesión. Después, identifica el lugar de trabajo y escribe frases, como en el ejemplo.

policía | cocinero | actriz | abogada | profesor | médico | ~~veterinaria~~ | fotógrafo

Las profesiones

veterinaria

Los lugares de trabajo

una escuela

una comisaría

un teatro

un hospital

un restaurante

un tribunal

un estudio

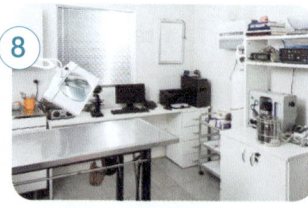
una clínica

a. *Es veterinaria, trabaja en una clínica.*
b. ....
c. ....
d. ....
e. ....
f. ....
g. ....
h. ....

2. Y tú, ¿qué haces?
....

3 ¿QUIÉNES SON ESTOS FAMOSOS?

1. ¿Conoces a estos famosos? ¿Cómo se llaman? ¿Cuál es su profesión? ¿Y su nacionalidad? Escribe una descripción, como en el ejemplo.

FAMOSOS	PROFESIÓN	NACIONALIDAD	LENGUAS
■ Enrique Iglesias	■ cantante	■ suizo/a	■ español
■ Roger Federer	■ actor/actriz	■ español/-a	■ inglés
■ Sofía Vergara	■ deportista	■ colombiano/a	■ alemán
			■ francés

Enrique Iglesias es cantante, es español y habla español e inglés.

2. Ahora, presenta a estos famosos.

Javier Bardem

Shakira

UNIDAD 1 | EXAMEN DELE

COMPRENSIÓN DE LECTURA

Lee esta presentación. A continuación, responde las cinco preguntas sobre el texto. Elige la respuesta correcta (*a*, *b* o *c*).

Escuela de idiomas: Aquí hablamos lenguas

Hola, futuros estudiantes, bienvenidos:

¡Os presentamos nuestra escuela y a sus profesores!

En la escuela Aquí hablamos lenguas trabajan profesores nativos de diferentes lenguas. Vamos a conocerlos: Peter es el profesor de inglés, es de Londres, y además habla español, coreano y un poco portugués. João es el profesor de portugués, es brasileño, de São Paulo, y habla español. También trabajan en la escuela las profesoras de español, Marta e Irene. Marta es española, de Salamanca, e Irene es peruana, de Lima. Marie, la profesora de francés, e Irina, la profesora de ruso, son francesas, de París. Mariko es japonesa, de Tokio, es la profesora de japonés, y Mohammed es el profesor de árabe, es marroquí, de Casablanca. Mariko estudia español con Marta porque su novio es colombiano, de Bogotá, y Mohammed estudia portugués con João porque quiere vivir y trabajar en Portugal.

¡Encantados de conoceros!

PREGUNTAS

1 ¿Qué lengua no enseñan en la escuela?
   a. Francés.
   b. Coreano.
   c. Japonés.

2 ¿De dónde es João?
   a. De España.
   b. De Portugal.
   c. De Brasil.

3 ¿Qué lengua enseñan Marta e Irene?
   a. Español.
   b. Ruso.
   c. Portugués.

4 ¿Por qué estudia portugués Mohammed?
   a. Porque quiere vivir en Portugal.
   b. Porque quiere trabajar en Portugal.
   c. Porque quiere vivir y trabajar en Portugal.

5 ¿De dónde son las profesoras de francés y de ruso?

a.

b.

c.

COMPRENSIÓN AUDITIVA

Vas a escuchar cinco diálogos breves entre dos personas. Cada diálogo se repite dos veces. Después de la segunda audición, marca la opción correcta (*a, b* o *c*).

Ejemplo:

Mujer: *Carlos, ¿tienes las entradas para el concierto de Enrique Iglesias?*

Hombre: *Sí, aquí están. Vamos mañana a las 22:00.*

¿A qué hora es el concierto?
La opción correcta es la *c*.

Diálogo 1

1 ¿Quiénes son?

a.

b.

c.

Diálogo 2

2 ¿De dónde es Laura?

a.

b.

c.

Diálogo 3

3 ¿Qué lengua no habla Jorge?

a.

b.

c.

Diálogo 4

4 ¿Cuál es la profesión de Raquel?

a.

b.

c.

Diálogo 5

5 ¿Por qué estudia español Juan?

a.

b.

c.

once | 11

UNIDAD 2 ¿QUÉ HACES Y CUÁNDO? | SECUENCIA 1

1 ¿QUÉ HORA ES?

1. Laura aprende las horas. Ayúdala y relaciona.

a. Son las seis en punto.
b. Es la una menos cuarto.
c. Son las ocho y media.
d. Son las dos menos veinte.
e. Son las doce y diez.
f. Son las cuatro menos veinticinco.

2. Ahora, Laura pregunta las horas. Subraya la opción correcta.

 ¿Qué hora es?

 *Es la/Son las* una y cuarto.

 *Es la/Son las* cinco *de/por* la tarde.

 *Es la/Son las* once y cuarto *de/por* la noche.

3. Observa estos relojes y escribe qué hora es.

a. .... b. .... c. ....

d. .... e. .... f. ....

4. Completa estas series de números que te propone Laura.

a. trece – quince – .... – diecinueve
b. veintiséis – veintisiete – veintiocho – ....
c. seis – nueve – doce – ....
d. cinco – diez – .... – veinte
e. veinte – .... – dieciocho – diecisiete
f. .... – ocho – doce – dieciséis

2 ¿A QUÉ HORA ABREN?

1. Lee este cartel de la escuela de Laura.

2. Ahora, responde a estas preguntas.

a. ¿A qué hora está abierta la escuela en invierno?
....

b. ¿Qué días está cerrada todo el año?
....

c. ¿Cuándo visitan el Reina Sofía?
....

d. ¿En qué meses hay clases extra?
....

e. ¿A qué hora cierra en verano?
....

f. ¿Cuándo visitan Aranjuez?
....

🎧 LABORATORIO DE FONÉTICA

La *r* y la *rr*

La letra *r* cambia su pronunciación dependiendo de su posición en la palabra.

- Pronunciación **suave**, cuando está entre vocales (*a, e, i, o, u*): e*n*e*ro*, ho*r*a*rio*
- Pronunciación **fuerte**:
  – Al comienzo de una palabra: *reloj*
  – Al final de una palabra: *por*
  – Cuando se escribe *rr* doble: ce*rr*ado
  – Con la combinación de una consonante y una *r*: *br, tr*: octu*br*e, *tr*einta
  – Cuando va entre una vocal y una consonante: *tarde*

1. a. Escucha y repite estas palabras.

a. verano   f. calendario
b. ropa   g. serie
c. diciembre h. trabajar
d. hora   i. perro
e. abierto   j. Laura

b. Subraya las palabras con pronunciación fuerte.

2. Busca otras palabras que conoces en español y decide si la *r* tiene una pronunciación fuerte o suave.

UNIDAD 2 ¿QUÉ HACES Y CUÁNDO? | SECUENCIA 2

1 ¿QUÉ HACES NORMALMENTE?

1. Rafa, el marido de Laura, tiene sus costumbres. Lee el texto y elige la opción correcta.

Rafa desayuna por la mañana *de/desde* 7:00 *a/hasta* 7:30, antes de ir a trabajar. *Por el/A* mediodía come con su mujer Laura en un restaurante. *Por/En* la tarde está en casa con sus hijos. *Por/A* la noche, después de cenar, ve una película de su director de cine favorito: Guillermo del Toro. Los fines de semana cena con sus amigos *a/de* las diez.

2. Estas son las preguntas que le hacen a Rafa sobre su rutina. ¿Puedes completarlas con estos verbos? Después, respóndelas.

cenar | comer | desayunar | hacer (x2)

a. ¿A qué hora .... normalmente por la mañana? ....

b. ¿Qué .... después de cenar? ....

c. ¿Cuándo .... con sus amigos? ....

d. ¿Dónde .... a mediodía? ....

e. ¿Qué .... por las tardes? ....

3. Lee el texto y completa la agenda de Laura.

> Todos los días desayuno a las siete y media de la mañana, y me preparo para ir al trabajo. Allí estoy de ocho y media a una y media del mediodía. Luego, como con mi pareja. A las dos y media tenemos un poco de tiempo para descansar y hablar. A las tres volvemos otra vez hasta las seis. Después, voy a clase de inglés. Luego, en casa, estoy con mi familia y a las nueve y media cenamos todos juntos. Después de cenar, escucho música o veo la televisión.
>
> Los fines de semana, los sábados desayuno a las 10:30 y por la tarde practico deporte con mis amigos. Los domingos como con mi familia, vivimos cerca, y por la noche salgo a tomar algo con Rafa.

HORARIO SEMANAL

	Lunes	Martes	Miércoles	Jueves	Viernes
Mañana					
Mediodía					
Tarde					
Noche					

Sábado:

Domingo:

4. Vuelve a leer el texto, señala los verbos y completa.

	DESAYUN**AR**	V**ER**	VIV**IR**	PREPARAR**SE**
yo				
tú				
él, ella, usted				
nosotros/as				
vosotros/as				
ellos, ellas, ustedes				

2 ¿CUÁNDO HACES ESTAS ACTIVIDADES?

1. Observa la imagen y lee las actividades que aparecen. ¿Cuáles haces tú? ¿Cuándo? Escribe frases, como en el ejemplo.

Tomo un café por la mañana.

a. ....
b. ....
c. ....
d. ....
e. ....
f. ....
g. ....
h. ....

2. Ahora, escribe tu rutina.

....
....

quince | **15**

UNIDAD 2 | ¿QUÉ HACES Y CUÁNDO? | SECUENCIA 3

1 MOMENTOS DE RELAJACIÓN

1. Laura y sus amigas hablan sobre sus momentos de relax durante la semana. Escucha y señala las actividades que hace cada una.

2. Vuelve a escuchar y escribe cuándo hacen esas actividades.

a. ....
b. ....
c. ....
d. ....

3. Relaciona estos pronombres con los verbos. Luego, escribe frases.

a. yo
b. tú
c. ella
d. nosotros
e. vosotras
f. ellos

1. nos duchamos
2. se levanta
3. leo
4. os bañáis
5. viven
6. cenas

a. ....
b. ....
c. ....
d. ....
e. ....
f. ....

16 | dieciséis

4. Lee cómo se relajan los amigos de Laura. Completa las frases con el verbo en la forma correcta.

   a. Diana (relajarse) .... en la playa.
   b. Carlos (escuchar) .... música por las noches.
   c. Lucas (levantarse) .... tarde los fines de semana.
   d. Pablo (leer) .... un libro antes de (acostarse) ....
   e. Beatriz (ducharse) .... después de (hacer) .... ejercicio.
   f. Óscar (cenar) .... con sus compañeros de clase todos los jueves.

2 OTRAS FORMAS DE RELAJARSE

1. Laura habla con sus compañeros de clase. Lee lo que dicen sobre las actividades que hacen. ¿Tú haces las mismas? Utiliza las expresiones *yo sí*, *yo no*, *yo también*, *yo tampoco* para comentarlo.

   ☺ Yo practico yoga con mis amigos.   ☹ Yo no veo la tele.
   ☺ Yo también. / ☹ Yo no.   ☺ Yo sí. / ☹ Yo tampoco.

Mis amigos y yo vamos al gimnasio todos los días después de clase.
....

Yo los martes y los jueves bailo en clase con mis amigos.
....

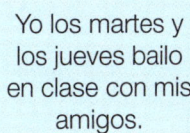
De lunes a viernes no veo la tele por la noche.
....

Los domingos por la tarde siempre me baño.
....

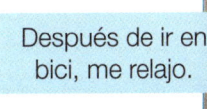
Yo no tomo café con mis amigas.
....

Después de ir en bici, me relajo.
....

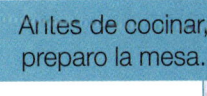
Por las noches, antes de dormir, muchas veces escucho música para relajarme.
....

Antes de cocinar, preparo la mesa.
....

UNIDAD 2 | EXAMEN DELE

COMPRENSIÓN DE LECTURA

Lee estos mensajes. Relaciona cada mensaje (*a-j*) con la frase correspondiente (1-6). Hay tres mensajes que no debes seleccionar.

Ejemplo:

0. Fiesta con amigos por la noche.

La opción correcta es la *e*.

a. Recordatorios
- Sábado por la tarde en el parque de la Fuente del Berro
- Nuevo recordatorio

b. Hoy, 21:30 reserva en restaurante italiano

c. Martes y jueves 16:00-18:00 Escuela España.com

d. Recordatorios
- Viernes por la tarde, café en casa de Marta
- Nuevo recordatorio

e. Sábado, 22:00, cumpleaños de Jaime

f. Domingo, 9:30 Estación de tren Chamartín

g. Miércoles, 17:00 Museo del Prado con Sonia

h. Escuela de baile Paso a paso Lunes y miércoles 19:00-21:00

i. Recordatorios
- Mañana a las 22:00 Ciclo de cine español en el Palacio de la Prensa
- Nuevo recordatorio

j. 14 de febrero 14:00, reserva para dos

0.	Fiesta con amigos por la noche.	e
1.	Cena esta noche.	
2.	Ver una película.	
3.	Ir a correr con Mario.	
4.	Clases de español.	
5.	Viaje a Sevilla.	
6.	Exposición de pintura.	

COMPRENSIÓN AUDITIVA

6 Vas a escuchar cinco diálogos breves entre dos personas. Cada diálogo se repite dos veces. Después de la segunda audición, marca la opción correcta (*a*, *b* o *c*).

Ejemplo:

Mujer: *¿De dónde vienes?*

Hombre: *Del supermercado, pero estaba cerrado.*

¿De dónde viene el señor?

La opción correcta es la b.

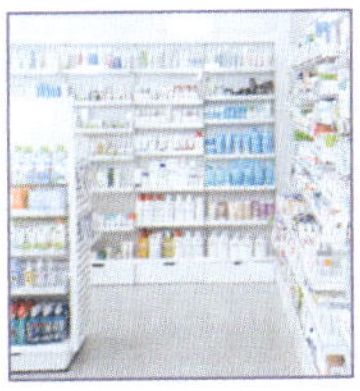
a.

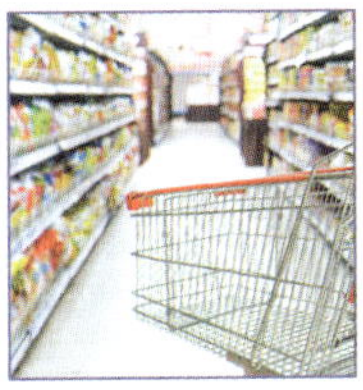
b.

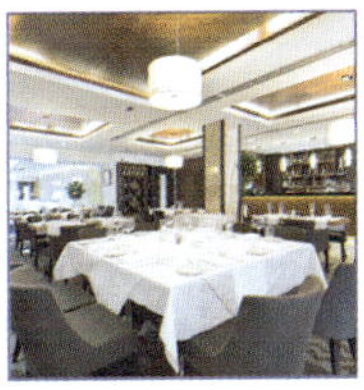
c.

Diálogo 1

1 A qué hora está cerrado el centro comercial?

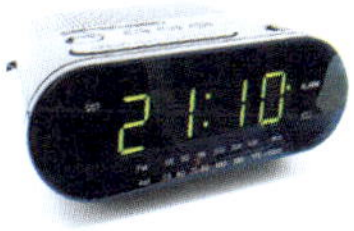

a.

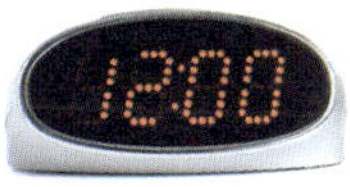

b.

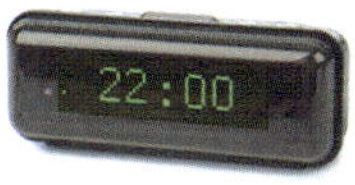

c.

Diálogo 2

2 ¿Adónde van mañana?

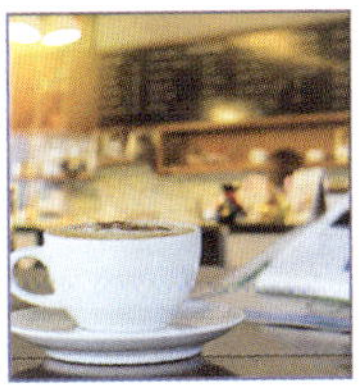
a.

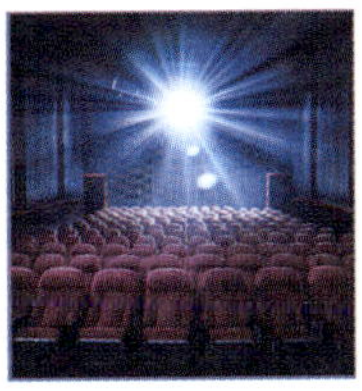
b.

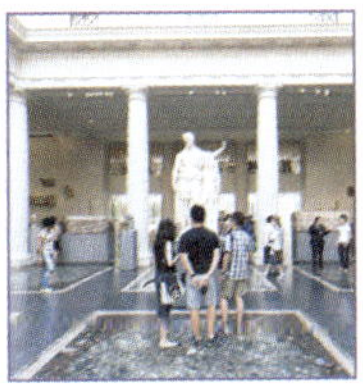
c.

Diálogo 3

3 ¿Qué hacen para relajarse?

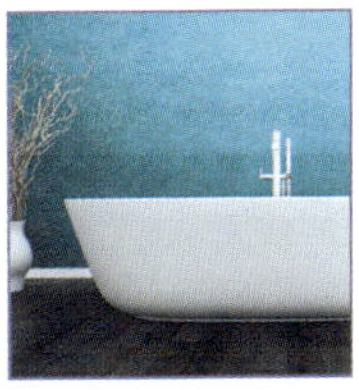
a.

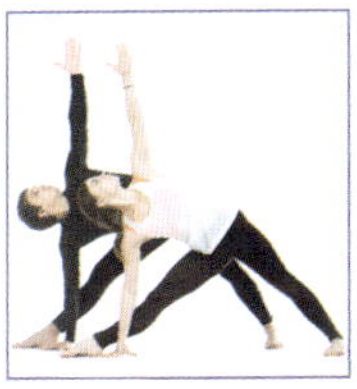
b.

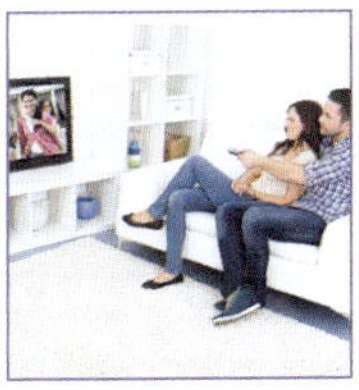
c.

Diálogo 4

4 ¿Cuándo está cerrado el gimnasio?

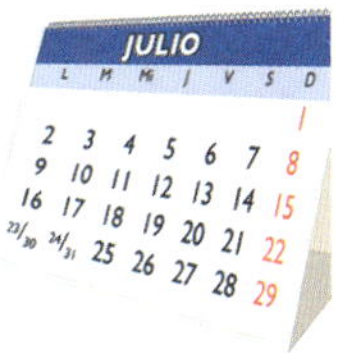

a.

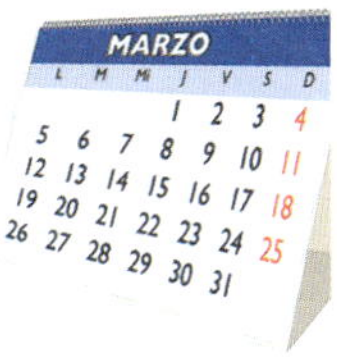

b.

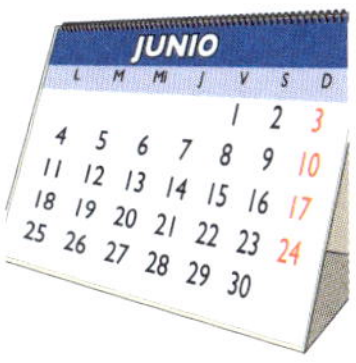

c.

Diálogo 5

5 ¿Qué hace Ana el sábado?

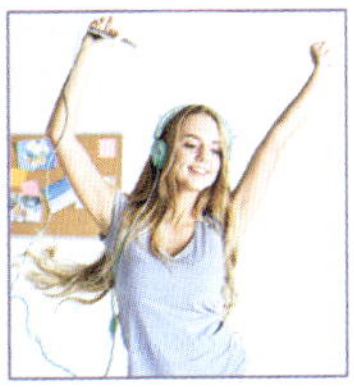
a.

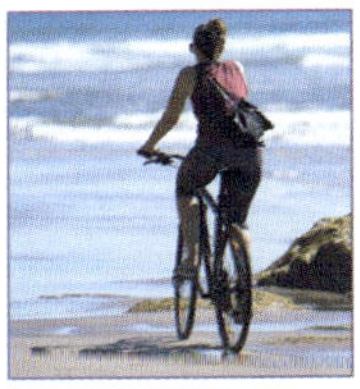
b.

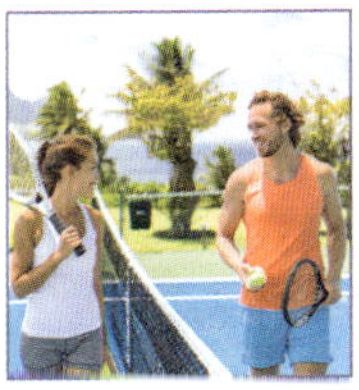
c.

UNIDAD 3 ¿DÓNDE VIVES? | SECUENCIA 1

1 BARRIOS DE MADRID

1. Descubre la geografía española. Completa la brújula y las frases.

n...................
o................... e...................
s...................

a. Valencia está en el .... de España.
b. Oviedo está en el ....
c. Andalucía y Murcia están en el ....
d. Barcelona está en el ....
e. Galicia está en el ....
f. Madrid está en el ....
g. Extremadura está en el ....

2. Mario es de Sevilla y viaja a Madrid. Lee los textos de la página 30 del libro del alumno y escribe el nombre de los barrios en este mapa.

3. Ahora, ayuda a Mario a completar este cuadro con la información de los textos.

Barrio	Dónde está	Cómo es	Qué hay
Negocios	norte		
La Latina			tiendas, casas de colores, etc.
Salamanca		elegante	
Retiro			
Centro histórico			

20 | veinte

2 ¿CÓMO ES TU BARRIO?

1. Mario habla sobre su barrio. Lee el texto y completa el cuadro con la información.

Mis padres, mi hermano pequeño y yo vivimos en el barrio histórico de Sevilla, está en el centro de la ciudad. Es un barrio muy turístico porque hay muchos monumentos y museos para visitar. Aquí están la catedral, los Reales Alcázares, el Museo de Bellas Artes y el Archivo de Indias. También hay algunas plazas muy bonitas para pasear, como la plaza Nueva y la plaza del Triunfo. Las calles son estrechas con edificios antiguos. Hay una zona comercial con pequeñas tiendas para ir de compras y muchos bares de tapas y restaurantes.

Mi hermana Carlota vive en el barrio de Triana. Triana está al otro lado del río Guadalquivir. No tiene muchos monumentos, pero es famoso por su buen ambiente. Hay un mercado y muchas tiendas de productos artesanos. La calle Betis es ideal para pasear cerca del río y ver los monumentos del otro lado de la ciudad. Hay muchos edificios antiguos, pero también hay otros más modernos.

	Lugar ¿Dónde está?	Descripción ¿Cómo es?	Existencia ¿Qué hay?
Barrio de Mario			
Barrio de Carlota			

2. ¿Conoces Sevilla? Lee y elige la opción correcta.

Sevilla *está/es* en Andalucía, *es/está* una de las ciudades más importantes del sur de España con su río: el Guadalquivir. En Sevilla *es/hay* 692.773 habitantes, *está/es* la cuarta ciudad más poblada de España. Su centro histórico *es/está* el más grande de España y es Patrimonio de la Humanidad. En Sevilla *está/hay* turismo todo el año, personas de todo el mundo viajan para visitar sus monumentos y conocer su gastronomía.

3. ¿Y tu barrio? ¿Dónde está? ¿Cómo es? ¿Qué hay? Escribe una pequeña descripción. Utiliza *está*, *es* y *hay*.

....
....
....

veintiuno | 21

UNIDAD 3 ¿DÓNDE VIVES? | SECUENCIA 2

1 TOMAS LA TERCERA CALLE A LA DERECHA

1. Mario y Carlota viajan a México. Observa el plano de la página 32 del libro del alumno y escribe una descripción de la colonia Polanco. Utiliza estos nombres de servicios y *hay/no hay*.

En este barrio de México hay…

tienda   bar
estación de metro   cine
restaurante   parque
hospital   teatro

2. Estas son las preguntas que hace Mario durante su visita a México. Completa con el artículo adecuado si es necesario y responde.

la (x2) | Ø (x3) | una | el | un

a. Perdone, ¿hay .... teatro por aquí cerca? ....
b. ¿Dónde está .... Consulado de España? ....
c. ¿Hay .... restaurantes cerca del parque Lincoln? ....
d. ¿No hay .... estación de metro en la avenida Isaac Newton? ....
e. ¿Está .... tienda de Pronovias en la avenida Presidente Masaryk? ....
f. ¿Hay .... edificios antiguos y modernos en la colonia Polanco? ....
g. ¿Dónde está .... librería? ....
h. ¿Hay .... parques en este barrio? ....

3. Mario habla con su hermana. Completa con el ordinal.

a. Ciudad de México es la 1.ª .... ciudad americana que visito.
b. Nuestra habitación está en el 8.º .... piso del hotel.
c. Es la 3.ª .... vez que cenamos en este restaurante.
d. El parque está al final de la 5.ª .... calle.
e. Toma la 2.ª .... calle a la derecha para llegar a la cafetería.
f. La 9.ª .... calle se llama Anatole France.
g. Este es mi 1.º .... viaje a México.
h. Hoy es mi 3.º .... día en Ciudad de México.

2 PERDONE, ¿SABE DÓNDE ESTÁ?

1. Carlota también hace turismo. Lee los diálogos y completa la información que falta.

● Perdone, ¿sabe dónde está la librería Gandhi?
○ Sí, sigue ↑ todo recto y toma la primera ↱ ....

● Perdona, ¿sabes dónde está el teatro Ángela Peralta?
○ Sí, está .... final de esta calle, en ∟ ....

● Perdona, ¿conoces el restaurante Belmondo?
○ Sí, pero está un poco O ← → O .... Sigues hasta el final de la calle y luego tomas la primera ↰ ....

● Perdone, ¿la Mac Store está en esta calle?
○ Sí, está muy OO .... de aquí. Siga ↑ ...., está .... lado de la parada de autobús.

2. Sitúate en el punto marcado en el plano de la página 32 del libro y elige una opción de cada columna para llegar a estos lugares.

Metro | American Park | Centro Cultural Coreano

a. Toma la calle Arquímedes, la primera a la derecha,
b. Sigue todo recto por la avenida Presidente Masaryk,
c. Sigue todo recto por Texas de Brazil Polanco,

1. toma la segunda a la derecha,
2. sigue recto,
3. toma la octava calle a la derecha,

I. y está al final de la calle.
II. y está al final de la calle a la derecha.
III. y está en la esquina de la primera a la izquierda.

3. Mario y su hermana vuelven de México y preparan una ruta para enseñar su ciudad. Mira el plano de Sevilla y escribe un pequeño texto para visitar estos lugares y monumentos.

Visitas Sevilla

La catedral y la Giralda

Los Reales Alcázares

La Real Maestranza

La plaza de España

El barrio de Santa Cruz

La Torre del Oro

UNIDAD 3 ¿DÓNDE VIVES? | SECUENCIA 3

1 ¿DÓNDE VIVES?

1. Escribe un artículo indeterminado delante de estos servicios y lugares.

a. .... parque
b. .... oficina de información
c. .... plazas
d. .... mercado
e. .... museos
f. .... palacio

2. Este es un plano de los barrios de Mario y Carlota. Obsérvalo y marca si las siguientes afirmaciones son verdaderas o falsas.

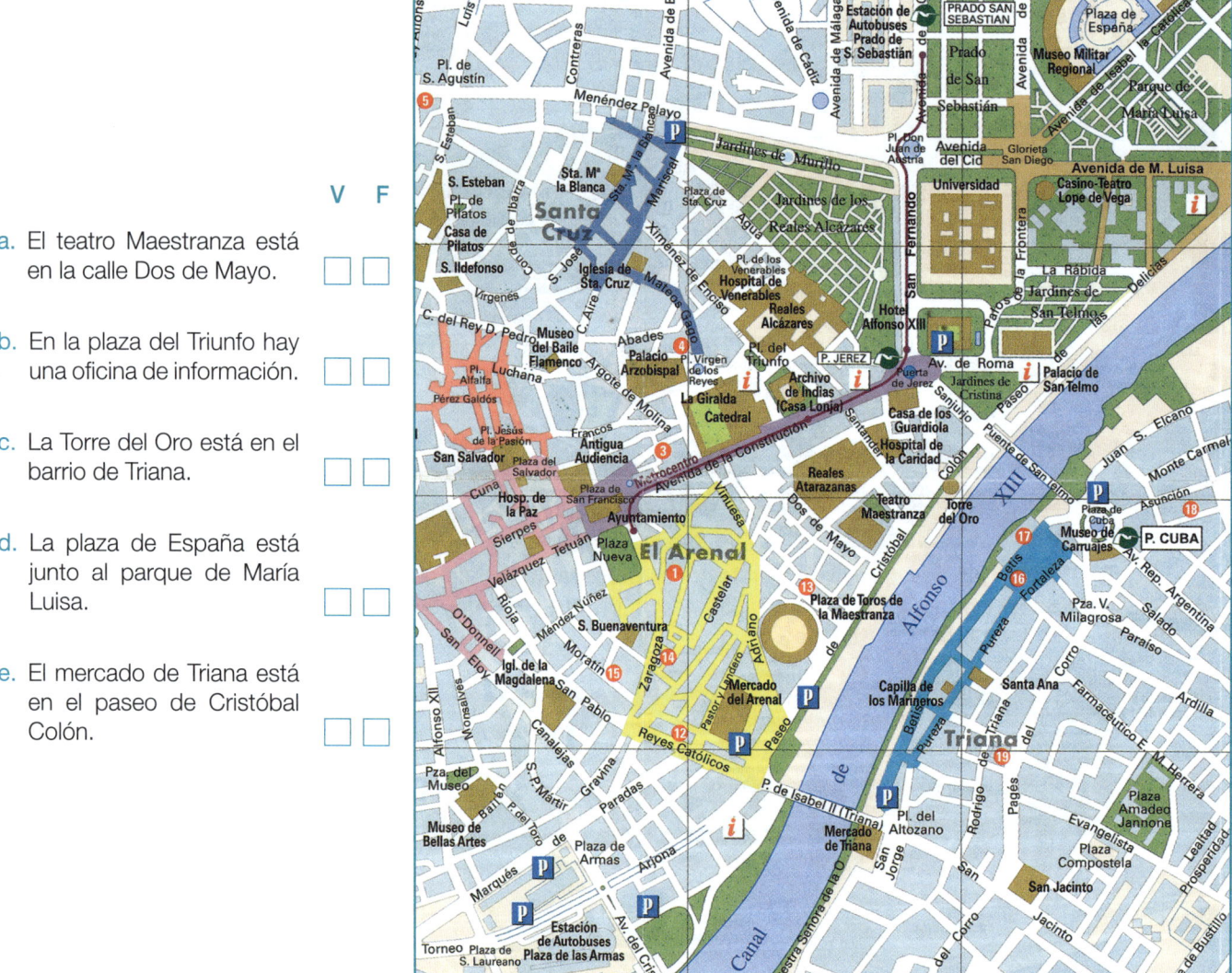

V   F

a. El teatro Maestranza está en la calle Dos de Mayo. ☐ ☐
b. En la plaza del Triunfo hay una oficina de información. ☐ ☐
c. La Torre del Oro está en el barrio de Triana. ☐ ☐
d. La plaza de España está junto al parque de María Luisa. ☐ ☐
e. El mercado de Triana está en el paseo de Cristóbal Colón. ☐ ☐

3. Observa el plano otra vez y responde a las preguntas, como en el ejemplo.

¿Qué hay en la plaza de Cuba?
En la plaza de Cuba hay un museo.

a. ¿Dónde está el Museo de Bellas Artes?
....

b. ¿Qué hay en la avenida de María Luisa?
....

c. ¿Dónde está la capilla de los Marineros?
....

d. ¿Qué hay cerca del mercado del Arenal?
....

2 ¿CÓMO ES TU CASA?

1. ¿Qué actividades se pueden hacer en cada parte de la casa? Escríbelas y añade una más para cada habitación.

- ver una película
- cocinar
- ducharse
- dormir
- bañarse
- comer
- leer una revista
- escuchar música
- vestirse
- estudiar
- hacer un puzle
- peinarse

Cocina	Baño

Salón	Dormitorio

2. Pablo trabaja en la inmobiliaria milpisos.com. Lee estos anuncios, complétalos y escribe con número y letra el precio por mes de cada vivienda.

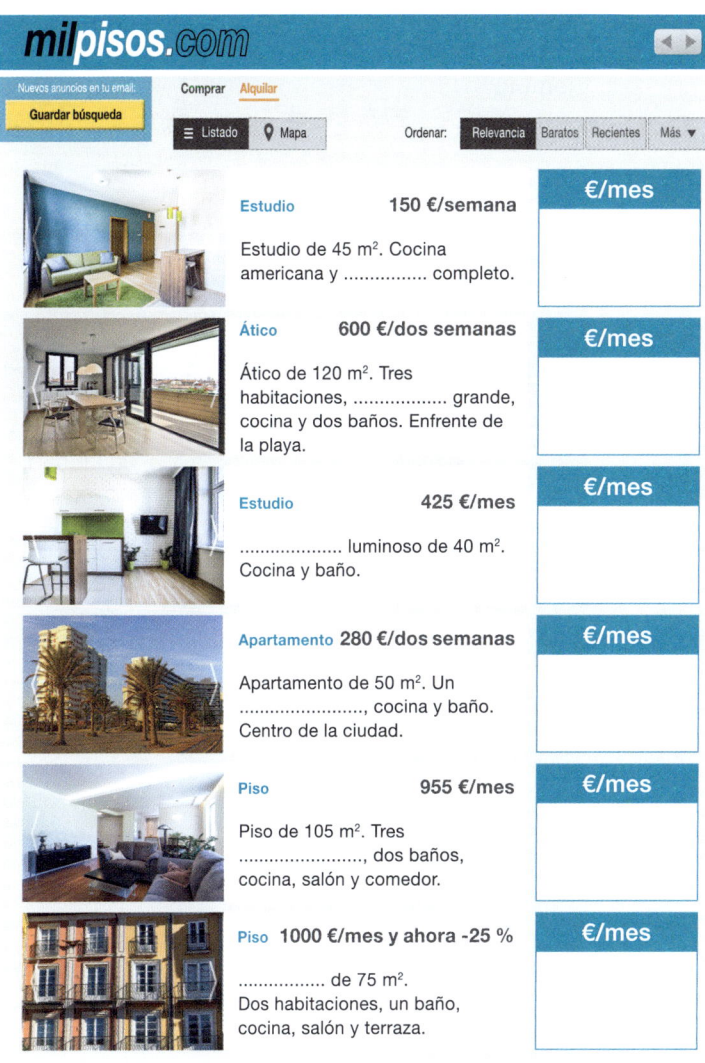

LABORATORIO DE FONÉTICA

La *c* y la *qu*

1. Observa las reglas de las letras *c* y *q*.

La letra *c* + *a*, *o*, *u* se pronuncia /k/.
*c*alle, espectá*c*ulo

Las letras *qu* + *e*, *i* se pronuncia /k/.
pe*qu*eño, a*quí*

La letra *c* + *e*, *i* se pronuncia /Ø/.
*c*iudad, servi*c*io

2. Escucha las palabras y subraya o colorea las sílabas con el color que corresponde a su pronunciación. Por ejemplo: rojo para el sonido /k/, verde para el sonido /Ø/ (quin*ce*). Después, repite las palabras.

a. colegio
b. pequeño
c. edificio
d. esquina
e. mercado
f. medicina
g. centro
h. Cuba
i. parque
j. cafetería

UNIDAD 3 | EXAMEN DELE

COMPRENSIÓN DE LECTURA

Lee las descripciones de estos barrios de Bilbao. A continuación, lee las preguntas (1-4) y selecciona la opción correcta (*a, b* o *c*).

Ejemplo:

0. El barrio de Ocharcoaga-Churdínaga está:
   a. A las afueras de la ciudad.   *La opción correcta es la a.*
   b. Cerca del centro.
   c. A 5 km del centro.

Barrio	DEUSTO	IBAIONDO	ABANDO	OCHARCOAGA-CHURDÍNAGA	BEGOÑA
Ubicación	A 5 km del centro	Centro de la ciudad	A 19 min a pie del centro	A las afueras de la ciudad	Cerca del centro
Características	Zona de estudiantes Ambiente de noche con música y mucho ruido	Barrio histórico, residencial y elegante Zona cultural	Zona turística y de servicios Vida cultural	Zona residencial con edificios modernos Ambiente tranquilo	Zona residencial y muy turística Edificios modernos y elegantes
Lugares	Universidad de Deusto Biblioteca Centro deportivo Grandes centros comerciales	Monumentos y museos Edificios medievales y modernos Bares y restaurantes típicos Oficina de información	Museos Plazas y monumentos Restaurantes típicos Parques para pasear	Parques y jardines Colegios Tiendas y mercados Cafeterías	Biblioteca Salas de exposiciones y conciertos Parque Etxebarria y basílica de Begoña Bares de tapas y cafeterías
Transporte	Metro Autobús	Tren Metro	Autobús Metro Tren	Autobús Metro	Autobús

1 Los turistas pueden probar comida típica en:
   a. Ibaiondo y Deusto.
   b. Ibaiondo y Abando.
   c. Abando y Begoña.

2 Los estudiantes viven en este barrio:
   a. Begoña.
   b. Abando.
   c. Deusto.

3 Puedo ir a un concierto en el barrio de:
   a. Deusto.
   b. Ibaiondo.
   c. Begoña.

4 El barrio de Begoña está:
   a. A 19 minutos a pie del centro.
   b. Cerca del centro.
   c. En el centro de la ciudad.

COMPRENSIÓN AUDITIVA

Vas a escuchar cinco mensajes muy breves. Cada mensaje se repite dos veces. Relaciona las imágenes (*a-i*) con los mensajes (1-5). Hay tres imágenes que no debes seleccionar.

Ejemplo:
Mensaje 0. Estoy muy contento de vivir en esta ciudad porque hay muchos espacios verdes. Todos los días voy a correr y a practicar deporte.
La opción correcta es la e.

0	Mensaje 0	e
1	Mensaje 1	

2	Mensaje 2	
3	Mensaje 3	

4	Mensaje 4	
5	Mensaje 5	

a.

b.

c.

d.

e.

f.

h.

i.

UNIDAD 4 ¿CÓMO ERES? | SECUENCIA 1

1 MI PERFIL

1. A. Observa la página de Facebook de Laura, la pareja de Carlos.

B. Completa los comentarios de las fotos con estas palabras.

mi | padres | nuestras | compañeras | sus | aniversario | mascotas

a. Lara y Pilar son mis .... de trabajo en la tienda de ropa.

b. Estas son Pintas y Poopsie, mis ....

c. Es el cumpleaños de mi hermano Lucas. En la foto, Lucas está en el restaurante, donde trabaja Carlos, con .... amigos.

d. Es el .... de mis .... En esta foto celebran 40 años de casados.

e. Y este es Carlos, ¡es mi pareja y .... fotógrafo preferido! Esta es una de .... primeras fotografías juntos.

2. Relaciona las fotos con el comentario correspondiente.

a	b	c	d	e

3. Subraya todos los nombres en singular del ejercicio 1 y rodea los nombres en plural.

2 RED DE RELACIONES

1. Laura presenta a su familia. Lee estas frases y completa su árbol genealógico.

- Mi hermana se llama Celia.
- El abuelo de Rocío se llama Diego.
- El tío de mis tres sobrinos se llama Lucas.
- Mi madre se llama Sandra.
- Jimena y Rocío son hermanas.
- Mi hermano se llama Lucas.
- Simón tiene tres hijos. Se llaman Luna, Alma y Víctor.
- Ana es la mujer de mi hermano Lucas.
- Mi hermano Ángel no tiene pareja ni hijos.
- Jimena y Rocío son las hijas de Ana.
- Soledad es la mujer de mi hermano Simón.

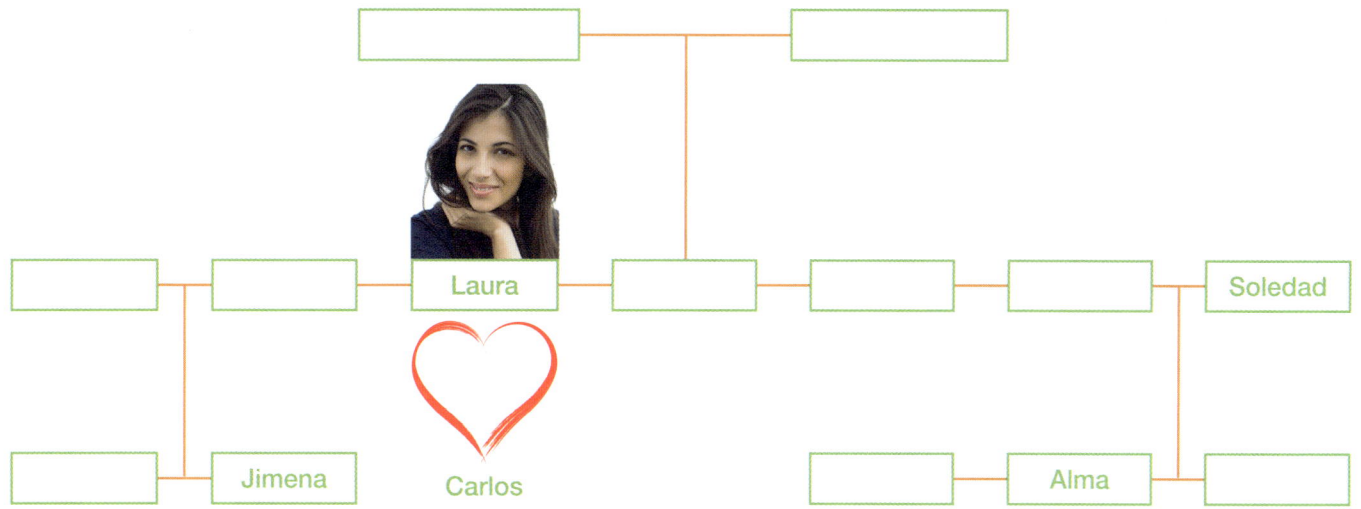

2. Busca en el ejercicio anterior las palabras que significan lo mismo. Añade el posesivo.

a. El hijo de mis padres es ....
b. Los padres de mi padre son ....
c. La mujer de mi padre es ....
d. Los hijos de mi hermano son ....
e. El hermano de mi madre es ....
f. La hija de mis padres es ....

3. Completa estas frases con el posesivo correcto.

a. Mira, este es .... hermano Pablo y .... mujer Sofía.

b. – Raquel y Sergio, ¿cómo se llama .... madre?
   – .... madre se llama Isabel.

c. Carlos, ¿es .... padre?
   Sí, es .... padre.

d. En la foto están .... sobrinos con .... padres.

e. Marcos tiene un perro, pero es de .... padres.

f. .... tío tiene tres hijos. Celia, Ernesto y Patricia son .... primos.

g. Karin tiene muchas fotos de .... novio.

h. – Lucas, ¿dónde está .... mascota?
   – .... mascota está en casa.

i. – Luis y Máximo, ¿esta foto es de .... hermana?
   – No, es de .... prima Carolina.

UNIDAD 4 | ¿CÓMO ERES? | SECUENCIA 2

1 TU PERFIL EN LAS REDES SOCIALES

1. Carlos tiene una cuenta en Instagram y todos los días publica una foto y un comentario. Completa los comentarios con los posesivos y los adjetivos correspondientes.

trabajador | inteligente | romántico | alegre | tímido | positivo

Una playa de .... ciudad, Málaga, es .... playa preferida.

Estos chicos son .... amigos del colegio.

  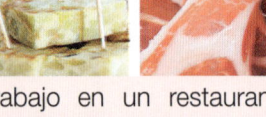

Trabajo en un restaurante español. Estos son .... platos típicos.

¡.............. restaurante es el mejor de Madrid!

Vivo en Madrid y este parque es .... lugar favorito.

¡El parque del Retiro es fantástico!

Este es Víctor, el hijo del hermano de Laura.

.... sobrino es un niño muy 😊 .... y 😊 ....

.... vacaciones con Laura en Cuba.

La Habana es .... ciudad preferida.

Estos son .... amigos.

Son muy 😊 .... y 😊 ....

.... sobrinos, ... hermano y .... mujer.

.... hermano es 😊 .... y  ....

.... perra Kiara. Es .... mascota.

Es una perra muy 😊 ....

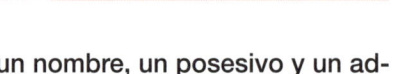

2. Lee los comentarios de las fotos de Instagram de los amigos de Carlos. Busca un nombre, un posesivo y un adjetivo en cada uno de ellos. Después, escribe estas palabras en plural en la tabla.

Roberto

Esta foto es de un paisaje de mi viaje a la montaña... Un viaje a los Pirineos con mi hermano y mi amigo preferido, Carlos.

Aroa

Mi amigo Peter y su pareja, Carla. Peter es inglés y Carla es portuguesa. Él es muy hablador y ella es muy sociable.

	Singular	Plural
Nombre	/	/
Adjetivo	/	/
Posesivo	/	/

2 ¿CÓMO SOMOS?

1. Lee la información del texto C de la página 44 del libro del alumno. Observa las fotos de perfil de los amigos de Carlos. ¿Qué carácter tienen? Utiliza estos adjetivos.

simpático/a ≠ antipático/a | trabajador/-a ≠ vago/a | alegre ≠ triste | positivo/a ≠ negativo/a
tímido/a ≠ extrovertido/a | divertido/a ≠ aburrido/a | introvertido/a ≠ extrovertido/a – sociable

Lucía — Ana — Pablo — Óscar — Aurora

- *simpática*
- *alegre*
- *inteligente*

2. ¿Cómo eres? Marca los adjetivos relacionados con tu carácter.

 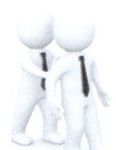      

☐ inteligente ☐ tímido ☐ alegre ☐ simpático ☐ egoísta ☐ romántico ☐ trabajador ☐ sociable

A. Busca y escribe tres adjetivos nuevos para describirte.

1. _____ 2. _____ 3. _____

B. Ahora, elige 6 adjetivos y escríbelos en plural. ¿Son positivos (+) o negativos (-)?

a. .... ☐   d. .... ☐
b. .... ☐   e. .... ☐
c. .... ☐   f. .... ☐

3 PERSONAS IMPORTANTES EN MI VIDA

1. Completa las frases del Facebook de Carlos con el demostrativo adecuado: *este / estos*, *esta / estas*.

a. Mira, ... es mi prima Ruth con Ricardo, su pareja.
b. .... son Marcos y Luis.
c. .... es Ángel, el tío de Víctor.
d. En mi perfil tengo .... fotos con mi familia.
e. .... foto es en blanco y negro.
f. .... es Carmen y .... es Manuel.
g. Bueno, ... es Román y .... son sus compañeros de trabajo.
h. Pues .... es mi página de Facebook.
i. .... es mi avatar.

UNIDAD 4 | ¿CÓMO ERES? | SECUENCIA 3

1 ¿CÓMO NOS VEN LOS DEMÁS?

1. Lee estas opiniones sobre los estereotipos. ¿A qué país corresponden?

a. Son personas muy familiares y muy habladoras. Las familias hacen muchas comidas juntos. Son bastante sociables, muy extrovertidos y muy, muy románticos.

b. No son personas muy familiares, pero hacen muchos aperitivos, en su casa, con sus amigos. Son románticos y bastante simpáticos.

c. Son personas muy trabajadoras. Son muy inteligentes y bastante introvertidos.

Italia ☐   China ☐   Francia ☐

2. ¿Estás de acuerdo con estas opiniones? Elige dos países del ejercicio anterior. Expresa tu opinión y muestra acuerdo y/o desacuerdo.

Sí, es verdad. Yo creo que los italianos son muy habladores y familiares.

....

....

3. Escucha y marca la información de estos tres amigos de Carlos de las redes sociales.

🔊 9

Lola
- **Carácter:** ☐ tímida ☐ introvertida ☐ alegre ☐ divertida ☐ sociable ☐ romántica ☐ positiva
- **Redes sociales:** ☐ Facebook ☐ Instagram ☐ WhatsApp
- **Tipo de foto:** ☐ con amigos ☐ en blanco y negro ☐ un paisaje ☐ con gente
- **Signo:** ☐ Virgo ☐ Piscis ☐ Acuario ☐ Aries
- **Ciudad:** ☐ Quito ☐ Puebla ☐ Antigua ☐ Cáceres

Enrique
- **Carácter:** ☐ tímido ☐ introvertido ☐ alegre ☐ divertido ☐ sociable ☐ romántico ☐ positivo
- **Redes sociales:** ☐ Facebook ☐ Instagram ☐ WhatsApp
- **Tipo de foto:** ☐ con amigos ☐ en blanco y negro ☐ un paisaje ☐ con gente
- **Signo:** ☐ Virgo ☐ Piscis ☐ Acuario ☐ Aries
- **Ciudad:** ☐ Quito ☐ Puebla ☐ Antigua ☐ Cáceres

Luisa
- **Carácter:** ☐ tímida ☐ introvertida ☐ alegre ☐ divertida ☐ sociable ☐ romántica ☐ positiva
- **Redes sociales:** ☐ Facebook ☐ Instagram ☐ WhatsApp
- **Tipo de foto:** ☐ con amigos ☐ en blanco y negro ☐ un paisaje ☐ con gente
- **Signo:** ☐ Virgo ☐ Piscis ☐ Acuario ☐ Aries
- **Ciudad:** ☐ Quito ☐ Puebla ☐ Antigua ☐ Cáceres

2 DOS NUEVAS VIDAS EN ESPAÑA

1. Lee estos testimonios de *Tu destino está en España*. Complétalos con el verbo correspondiente en presente.

salir | hacer | ir | tener | querer | preferir | pensar

TU DESTINO ESTÁ EN ESPAÑA

Oskaya

Mi familia y yo .... que Málaga es la mejor ciudad para vivir. Es tranquila y luminosa. Nos gusta mucho. Nosotros .... muchos esfuerzos para aprender la lengua, ¡es muy diferente al ruso! Ya .... muchos amigos aquí y la adaptación no es muy difícil. Yo .... a clases de español dos veces por semana. ¡Estoy aprendiendo mucho!

Emmanuelle

Soy Emmanuelle, pero todos aquí en Málaga me llaman Emma. Vivo en España desde hace solo siete meses y .... muchos problemas para entender el acento andaluz. Ya .... algunos amigos malagueños muy simpáticos y .... por la tarde a dar un paseo y a cenar. Creo que estoy aprendiendo mucho porque ahora estoy hablando más. Soy feliz. No .... volver a París. .... vivir aquí en España.

Giuseppe

Todos mis amigos de Málaga me llaman Pepe. .... ser fisioterapeuta y estoy en España para estudiar en la universidad. Mis amigos italianos y yo .... estudiar aquí que en Nápoles y .... terminar aquí los estudios. Nosotros .... que los estudios son un poco difíciles. Mi nivel de español no es muy bueno, pero .... aprender más y estoy estudiando las reglas de gramática y el vocabulario, cada día .... muchos ejercicios y traducciones.

2. Escribe las formas verbales que hay en los textos en estos cuadros.

Querer	Pensar	Salir	Tener	Ir	Preferir	Hacer

🎧 LABORATORIO DE FONÉTICA

La *b* y la *v* / La *c* y la *z*

1. Escucha estas palabras y marca con una cruz el sonido que escuchas.

Sonidos	B/V (bilabial)	C/Z (interdental)
a. **B**ar**c**elona	X	X
b. utili**z**ar		
c. tra**b**ajador		
d. fa**v**orito		
e. **V**enezuela		
f. a**b**urrido		
g. **Z**amora		
h. **C**iudad Real		
i. **v**e**c**es		
j. Alman**z**or		

2. Ahora, escribe los ejemplos de *Ciudad Real, Barcelona, Zamora, Venezuela* y *Almanzor*.

B y **V** son dos letras diferentes que se pronuncian **siempre** igual.

Bolivia, **V**itoria

C y **Z** son dos letras diferentes que se pronuncian igual cuando se escriben así:

C + e y C + i ....

Z + a, Z + o, Z + u ....

Pero suenan diferentes cuando se escribe c + a, c + o y c + u.

3. Busca en la unidad palabras con estas letras y escríbelas.

B .... C ....

V .... Z ....

UNIDAD 4 | EXAMEN DELE

COMPRENSIÓN DE LECTURA

Lee los perfiles de estas personas. A continuación, lee las preguntas (1-4) y selecciona la opción correcta (*a*, *b* o *c*).

Ejemplo:

0. Celia tiene en su perfil:

a. A su gata. La opción correcta es la **a**.

b. Un avatar.

c. Un fantástico paisaje.

	ISABEL RUBIO MARTÍN	ERNESTO JIMÉNEZ GARCÍA	CELIA HITA LORCA	FRANCESCA VICENTTI	THIBAULT HUCHON
Carácter	simpática, trabajadora y muy romántica	muy hablador, sociable y bastante positivo	divertida, tímida e inteligente	alegre, extrovertida y optimista	muy romántico y bastante tímido
Familia	en pareja y sin hijos	soltero y con tres hijos	en pareja	soltera y sin hijos	casado y con un hijo
Signo	Capricornio	Tauro	Aries	Geminis	Capricornio
Foto de perfil	en blanco y negro	un fantástico paisaje con mi pareja	con mi gata	con mis amigos y familia en blanco y negro	un avatar
Ciudad con encanto	Quito, por su centro histórico	Puebla, por ser Patrimonio de la Humanidad	Antigua, por su iglesia amarilla y blanca	Quito, por su catedral	Cáceres, por sus calles, casas y palacios
Idiomas	español, inglés y rumano	español y francés	español y alemán	italiano e inglés	francés

1 Ernesto habla:

a. Español y alemán.

b. Español y francés.

c. Francés.

2 Isabel y Thibault tienen en común ser:

a. Tímidos y románticos.

b. Capricornio y tímidos.

c. Capricornio y románticos.

3 A Isabel y a Francesca les gusta esta ciudad:

a. Cáceres.

b. Quito.

c. Puebla.

4 Tiene tres hijos:

a. Thibault.

b. Ernesto.

c. Celia.

COMPRENSIÓN AUDITIVA

Vas a escuchar cinco mensajes muy breves. Cada mensaje se repite dos veces. Relaciona las imágenes (*a-i*) con los mensajes (1-5). Hay tres imágenes que no debes seleccionar.

Ejemplo:

Mensaje 0. En mi perfil de Facebook y de Instagram tengo una foto, en blanco y negro, en una playa fantástica.
La opción correcta es la a.

0	Mensaje 0	a
1	Mensaje 1	

2	Mensaje 2	
3	Mensaje 3	

4	Mensaje 4	
5	Mensaje 5	

a.

b.

c.

d.

e.

f.

g.

h.

i.

UNIDAD 5　¿TE GUSTA?　| SECUENCIA 1

1　LA *GUÍA DEL TIEMPO LIBRE*

1. La revista *Novedades* tiene una sección especial: *Fotos por la ciudad*. Observa las fotos y relaciónalas con el verbo correspondiente.

Ir de tiendas		Ir al cine		Ir en bici	
Ir al museo		Ir al teatro		Ir a pie	

2. Lee y marca las preferencias de estas personas en las secciones de la *Guía del tiempo libre*.

> Yo prefiero ir a un museo o a un concierto al aire libre. También puedo ir con mi familia a conocer las mejores playas.

Carlos

> Sola, prefiero ir de tiendas a grandes centros comerciales. Con mis amigos, prefiero visitar otras ciudades.

Elisa

> Nosotros preferimos las visitas a pie por el centro histórico de las ciudades. Después, podemos ver juntos películas en el cine.

Manuel y Ana

	Arte	Cine y espectáculos	Rutas por la ciudad	Compras	Excursiones	Música
Carlos						
Elisa						
Manuel y Ana						

3. ¿Y tú, qué prefieres hacer? Escribe tres frases. Utiliza alguna de estas palabras.

mercadillo | trabajo | galerías de arte | montaña | película | playa | centro comercial | parque

Prefiero ir a los museos y a las galerías de arte de la ciudad.

....

....

....

2 ¿QUÉ HACES EN TU TIEMPO LIBRE?

1. Lee las actividades que estas personas hacen en su tiempo libre.

Cristina
No tengo mucho tiempo libre. Los fines de semana hago muchas cosas. Los sábados salgo a tomar algo con mis amigos o vamos a la discoteca por la noche a bailar. Los domingos siempre voy de excursión. Vivo en Granada y puedo ir con mi familia a la playa o a la montaña. Yo prefiero ir a la playa y mi pareja prefiere ir a la montaña.

Matías
En mi tiempo libre escucho música en casa o leo. Prefiero ir a los museos o a las exposiciones de fotografía, pero nunca voy al cine. Vivo en Murcia y mis amigos y yo jugamos en la playa a las cartas. Hago mucho deporte, pero no veo el deporte en la tele. Mis amigos van a bailar merengue, pero a mí no me gusta bailar.

Ricardo
Me encanta tener tiempo libre, pero no tengo mucho. En mi tiempo libre no hago deporte, pero veo en la tele todos los partidos de fútbol. ¡Me encanta ver el deporte en la tele! A veces voy al teatro y al cine con mi mujer y después vamos a cenar. Mis hijos prefieren ir a la discoteca y muchas veces a la semana juegan al fútbol.

Luna
Tengo tiempo libre los miércoles porque ese día no trabajo. Todos los miércoles voy al cine con mi amiga Sandra. Trabajo los fines de semana. No puedo hacer muchas cosas los sábados y domingos, pero a veces el domingo por la noche voy al teatro o a bailar salsa.

2. Marca verdadero o falso.

		V	F
a.	Cristina y Ricardo no tienen mucho tiempo libre.	☐	☐
b.	Ricardo y Matías ven el deporte en la televisión.	☐	☐
c.	Luna y Ricardo van al cine.	☐	☐
d.	Cristina y Matías van a la playa.	☐	☐
e.	Ricardo y Matías hacen mucho deporte.	☐	☐
f.	Luna y Matías bailan a veces.	☐	☐

3. Subraya los verbos *jugar*, *hacer* e *ir* del ejercicio 1. Después, escribe las conjugaciones.

Jugar	Hacer	Ir

4. Lee las frases y complétalas con el verbo adecuado.

a. A veces (yo) .... deporte los jueves por la tarde.
b. Mis amigos y yo .... a la playa en verano.
c. Lucas .... todos los días al fútbol.
d. Marta .... por la tarde con sus amigos.
e. Fernando no .... películas francesas en el cine.
f. Yo .... música para relajarme.
g. Mi amiga Isabel .... de tiendas los fines de semana.
h. Natalia y Mar .... los deberes juntas.
i. ¿Qué (tú) ...., el cine o el teatro?

5. Lee las frases y completa con la preposición adecuada: *a (al)*, *de*, *en*.

a. Me gusta ir .... teatro con mi familia.
b. Voy .... excursión muchas veces al año.
c. Quiero ir .... Museo del Prado.
d. Nos encanta ir .... caballo por el campo.
e. Siempre voy .... pie a trabajar.
f. Me encanta ir .... tiendas con mis amigos.
g. Iván y Samuel van .... un museo de historia.
h. A mi familia y a mí nos gusta mucho pasear .... bici.

UNIDAD 5 — ¿TE GUSTA? | SECUENCIA 2

1 COSAS EN COMÚN

1. En la revista *Novedades* hay un foro sobre las actividades extremas. Lee y completa según el icono.

😊 gustar | 😊😊 gustar mucho | ☹️ no gustar | ☹️☹️ no gustar nada

---

Comentario 1
A mi familia ……………….. (😊😊) montar en globo. ¡Es muy divertido! Hacemos esta actividad en primavera. ……………….. (😊) las actividades extremas. ¡Somos aventureros! No ……………….. (☹️☹️) las actividades en la playa.
Santiago

Comentario 2
……………….. también ……………….. (😊) montar en globo, pero prefiero hacer *rafting*. ¡Es muy emocionante! Hago *rafting* en Andalucía en el río Genil en otoño. ……………….. (😊😊) ir a hacer *rafting* con mis amigos de la universidad. ……………….. (☹️) el *windsurf* porque como a Santiago ……………….. tampoco ……………….. (☹️) la playa. A nosotros ……………….. (😊) las mismas cosas.
Sofía

Comentario 3
Santiago y Sofía, ……………….. (😊😊) vuestros comentarios. A mis hermanos y a mí ……………….. (😊) los deportes extremos. Hacemos *rafting* y *windsurf* en verano. No ……………….. (☹️☹️) la montaña, preferimos los deportes en el agua.
Sergio

Comentario 4
Prefiero hacer *snowboard*. ¡Es fantástico! ……………….. (😊😊) hacer *snowboard* en Granada, en Sierra Nevada, en invierno en los meses de enero y de febrero. ……………….. (😊) la nieve y el frío. También ……………….. (😊) hacer esquí acuático en el Mediterráneo.
Susana

Comentario 5
……………….. (☹️) ir a la montaña y hacer deporte en la nieve porque ……………….. (☹️☹️) el frío. ……………….. (😊😊) los deportes en el agua. Prefiero hacer deportes extremos en la playa en primavera y verano.
Sebastián

---

2. ¿Qué tienen en común las personas de la actividad 1? Lee y marca la opción correcta.

	Santiago	Sofía	Sergio	Susana	Sebastián
1. ¿A quiénes les gusta hacer *rafting*?					
2. ¿A quiénes no les gustan las actividades en la playa?					
3. ¿Quién hace *snowboard*?					
4. ¿Quiénes prefieren los deportes en el agua?					
5. ¿A quiénes no les gusta ir a la montaña?					

3. Completa las frases utilizando las estructuras: *el/los mismo(s)…* + nombre o *la(s) misma(s)…* + nombre.

a. A Matilde y a Claudia no les gustan ……………….. cosas.

b. Tenemos ……………….. gustos en música.

c. Laura y Luis tienen ……………….. aficiones.

d. A mis padres les gusta mucho ……………….. ciudad.

e. A nosotras nos gusta ……………….. comida.

f. Mis primos ven ……………….. películas en el cine.

g. A Nicolás y a María les gustan ……………….. juegos *on-line*.

h. A Alicia y a Patricia les gusta ir a ……………….. playa en primavera.

i. Mis amigos salen a ……………….. discotecas.

j. A nosotros nos gusta ……………….. deporte.

k. Mis padres leen ……………….. libros.

2 GUSTOS SIMILARES O DIFERENTES

1. Observa estas fotos. Escucha y completa la información de cada uno de ellos.

😊 gustar | 😊😊 gustar mucho | ☹ no gustar | ☹☹ no gustar nada

Nuria | Rafael | Belén

Nuria	Rafael	Belén
😊	😊	😊 ....
😊😊	😊😊	😊😊 ....
☹	☹	☹ ....
☹☹	☹☹	☹☹ ....

2. Elige a un amigo o a una amiga. Responde a las preguntas sobre las cosas que le gustan y que no le gustan.

A mi amigo/a le gusta el color amarillo.

— ¿Qué color 😊? ....
— ¿Qué comida 😊😊? ....
— ¿Qué deporte ☹☹? ....
— ¿Qué ciudad ☹? ....

3 PLANES DIFERENTES

1. En la revista *Novedades* hay otra sección muy importante: *Cursos de cocina*.

A. ¿Te gusta cocinar?, ¿qué sabes preparar?
....

B. Estos son los cursos que propone. ¿Qué curso prefieres? ¿Por qué?
....

a Curso de cocina vegetariana

Arroz y ensaladas
Miércoles
19:00-21:00

b Curso de cocina japonesa

Sushis y makis
Sábados
18:00-20:00

c Curso de cocina española

Tortilla, patatas bravas, croquetas
Sábados
16:00-22:00

d Curso de cocina italiana

Pasta
Miércoles
17:00-20:00

e CURSO DE COCINA MEXICANA

Tacos y burritos
Martes
10:00-12:00

UNIDAD 5 — ¿TE GUSTA? | SECUENCIA 3

1. TUS EXPERIENCIAS

1. Henri estudia español y se presenta. Lee las palabras y observa las imágenes. Escribe una pregunta para cada una de ellas. Hay varias posibilidades.

a. ¿España es tu país preferido? / ¿Tu idioma preferido es el español?
b. ....
c. ....
d. ....
e. ....
f. ....
g. ....
h. ....

2. APRENDER ESPAÑOL

1. ¿Qué están haciendo? Relaciona las tres columnas y forma frases, como en el ejemplo.

a. *Mi profesora*	explicar	en viajar a Badajoz.	*Mi profesora está explicando la conjugación…*
b. Los amigos de Henri	leer	en la cama.	....
c. Mis padres y yo	decir	a clases de ruso los martes.	....
d. Todos los alumnos	ver	un viaje a Estambul.	....
e. Carlos y Matilde	pedir	*la conjugación del presente.*	....
f. Yo	ir	a su profesor más ejercicios.	....
g. Sus compañeros	estudiar	en la playa.	....
h. Mi mejor amiga	dormir	tonterías.	....
i. Jünger y Jess	preparar	Medicina en Madrid.	....
j. Mis mascotas	pensar	una película en el cine.	....

3 OTRAS EXPERIENCIAS

1. Jürgen, Henri y Jess viven en España y están estudiando español. Escribe una recomendación para solucionar su problema. Utiliza estas estructuras.

> Es bueno...
> Es importante...
> Es fundamental... + infinitivo
> Es muy útil...
> Es necesario...

comprar | trabajar | hacer voluntariado | ~~estudiar~~ | escuchar | cambiar | inscribirse | organizar | salir

Jürgen

a. No tengo buenas notas en los exámenes de español.
b. Tengo problemas con mis compañeros de piso.
c. Estudio y trabajo mucho. No tengo tiempo libre para mí.

a. *Es necesario estudiar más la gramática y el vocabulario.*
b. ....
c. ....

Henri

a. No puedo entender todo lo que dice mi profesor cuando habla en clase.
b. Quiero ir a Andalucía de viaje, pero no tengo dinero.
c. No hago ejercicio. Quiero hacer un poco de deporte.

a. ....
b. ....
c. ....

Jess

a. Tengo que hacer una traducción y no tengo diccionario.
b. No tengo muchos amigos españoles.
c. Me gusta ayudar a los demás, pero no hago nada.

a. ....
b. ....
c. ....

🎧 LABORATORIO DE FONÉTICA

La *j* y la *g*

1. ¿Las letras marcadas en negrita se pronuncian igual en tu lengua? Escucha estas palabras.
(13)

a. traba**j**o   d. al**g**uno   g. ve**g**etariano
b. **Gui**llermo e. hambur**gue**sa h. **gi**mnasio
c. ami**g**o   f. e**j**ercicio   i. **j**ardín

2. Las letras *j/g* tienen diferente pronunciación dependiendo de la vocal que va después. Clasifica las palabras anteriores en esta tabla. Luego, escucha y comprueba.
(13)

Sonido suave /g/		Sonido fuerte /x/	
ga ☐	*vaga*	ja ☐	
gue ☐		je ☐	
gui ☐		ge ☐	
go ☐		ji ☐	*Jiménez*
gu ☐		gi ☐	
		jo ☐	
		ju ☐	*Juan*

3. ¿Cómo se pronuncian estas palabras? Practica con tu compañero/a.

a. mujer   c. egoísta   e. lengua   g. pareja
b. hijo   d. jefe   f. guitarra h. inteligente

4. Escucha y comprueba.
(14)

COMPRENSIÓN DE LECTURA

Lee estos mensajes. Relaciona cada mensaje (*a-j*) con la frase correspondiente (1-6). Hay tres mensajes que no debes seleccionar.

Ejemplo:

0. Hacer deporte.
*La opción correcta es la **a**.*

a. Recordatorios
Gimnasio con Rosa jueves.
Nuevo recordatorio

b. 19 | 20
Película a las 21:00, viernes

c. Comida con María a las 14:30, miércoles

d. Recordatorios
Biblioteca con Gema, 10:00, martes
Nuevo recordatorio

e. Rastro con Mateo, 9:00, domingo

f. Escapada a la playa en coche

g. Café en Drexco, 17:00

h. Cocina con Samuel, lunes

i. ¿Vienes a ver el partido Real Madrid-Barça, a las 22:00?

j. Comprar un puzle

0.	Hacer deporte.	a
1.	Ir al cine.	
2.	Tomar algo y hablar.	
3.	Ir de excursión.	
4.	Ir al mercadillo.	
5.	Ir a un restaurante.	
6.	Aprender a cocinar.	

COMPRENSIÓN AUDITIVA

 1 Vas escuchar a Martina hablando de lo que le gusta hacer a ella y a su familia. Cada audición se repite dos veces. Relaciona cada persona con una letra (columna de la derecha). Hay tres letras que no debes seleccionar.

Ejemplo:
0. Martina: A mí me encanta visitar el Jardín Botánico de Madrid y hacer muchas fotografías de las flores.
La opción correcta es la k.

0.	Martina	k
1.	Celia	
2.	El padre	
3.	A la madre	
4.	A Daniel	
5.	Samuel	
6.	Alicia	
7.	Gabriel	
8.	Luis	

a.	come comida japonesa.
b.	aprende a preparar tapas.
c.	ve películas de Estados Unidos.
d.	le gusta Budapest.
e.	hace maratones de películas.
f.	va al Café Real.
g.	hace excursiones en bici.
h.	habla con sus amigos y toma café.
i.	comer tapas.
j.	hace puzles.
k.	visita jardines con plantas.
l.	le gusta el amarillo.

2 Sandra le cuenta a una amiga lo que hace en su tiempo libre. La audición se repite dos veces. Completa las oraciones (1-7) con la letra correspondiente (*a-i*). Hay una letra que no debes seleccionar.

Ejemplo:
0. Sandra prefiere hacer ....deporte........ en su tiempo de ocio.

1. .... de su casa hay muchos gimnasios.
2. El sábado por la mañana sale a .... con sus amigos.
3. Hace .... bonitas los sábados.
4. Sandra baila salsa con ....
5. Va al .... con su hermana los domingos.
6. Sandra y su hermana comen paella o ....
7. A Sandra y a su hermana les gusta las mismas ....

ENUNCIADOS	
a.	cenas
b.	deporte
c.	comidas
d.	Javier
e.	fotos
f.	cerca
g.	pollo asado
h.	mercadillo
i.	pasear

UNIDAD 6 | ¿CUÁL ES TU IMAGEN? | SECUENCIA 1

1 LA ROPA

1. Celia, Cosme y Alicia explican cómo es la ropa que tienen en sus armarios. Lee y completa con el nombre de la prenda y el color.

Celia
Hoy llevo una ...., unos .... y unos .... Me encanta este .... y este .... En invierno uso .... y una .... En verano uso siempre unas ....

Cosme
En mi armario tengo muchas .... y unas .... Tengo un .... muy bonito.
Para ir a la playa llevo una .... y una ....

Alicia
En mi armario tengo ropa de muchos colores diferentes. La ropa de primavera es la que más me gusta. Tengo cuatro .... y cinco .... ¡Me gusta mucho el color rojo! Tengo dos .... y una .... En primavera utilizo unas .... muy bonitas.

2 SIMPLIFICA TU ARMARIO

1. Celia, Cosme y Alicia van a responder a las preguntas del blog de la página 67. Escucha las respuestas y marca con un color diferente la información de cada uno.

17

Celia   Cosme   Alicia

Tu estilo:
☐ informal ☐ clásico ☐ elegante ☐ moderno ☐ original

Cantidad de ropa:
☐ mucha ☐ bastante ☐ poca ☐ demasiada

Frecuencia para comprar ropa nueva:
☐ una vez al mes ☐ cada seis meses ☐ cada tres meses

¿Qué haces con la ropa que no usas?:
☐ la regalo ☐ la reciclo ☐ la vendo ☐ no reciclo

3 PARTICIPA EN EL PROYECTO 16

1. Celia, Cosme y Alicia hacen varias escapadas juntos. ¿Qué ropa y complementos necesitan para cada escapada? Escribe frases utilizando la estructura: *necesitar* + nombre / *necesitar* + infinitivo.

a. Escapada a la playa   b. Escapada a la montaña   c. Escapada a Roma

a. *Necesitan llevar pantalones cortos y…* ....
b. ....
c. ....

2. Lee y marca *sí* o *no* según corresponda. Corrige las frases negativas.

	Sí	No	
a. Necesitamos un gorro y una bufanda en invierno.	☐	☐	....
b. Debes llevar una gorra para ir a la playa.	☐	☐	....
c. Cuando voy al gimnasio, necesito un gorro.	☐	☐	....
d. Para correr necesitas unas sandalias.	☐	☐	....
e. En verano tienes que llevar botas.	☐	☐	....
f. Cuando voy de excursión, debo llevar una mochila.	☐	☐	....
g. En verano necesitamos camisetas y abrigos.	☐	☐	....
h. Para ir a la montaña en invierno necesitamos gorras.	☐	☐	....

3. Relaciona las columnas y forma frases. Debes conjugar los verbos de obligación.

a. Alicia y Alberto		usar	toda la ropa que no usa.
b. Patricia		cambiar	con ropa de colores claros.
c. Mi hermana	tener que	tener	*un armario nuevo.*
d. Mis amigos y yo		reciclar	un consumo de la ropa responsable.
e. Elisa y su madre	deber	llevar	toda la ropa del armario.
f. Yo		vestirse	gorro y bufanda en invierno.
g. Nosotros		*comprar*	mi estilo de vestir.

a. *Alicia y Alberto tienen que comprar un armario nuevo.*
b. ....
c. ....
d. ....
e. ....
f. ....
g. ....

UNIDAD 6 ¿CUÁL ES TU IMAGEN? | SECUENCIA 2

1 MI CALENDARIO ANUAL

1. Completa los meses del año, los días de la semana y las estaciones.

LOS MESES DEL AÑO

LOS DÍAS DE LA SEMANA

LAS ESTACIONES

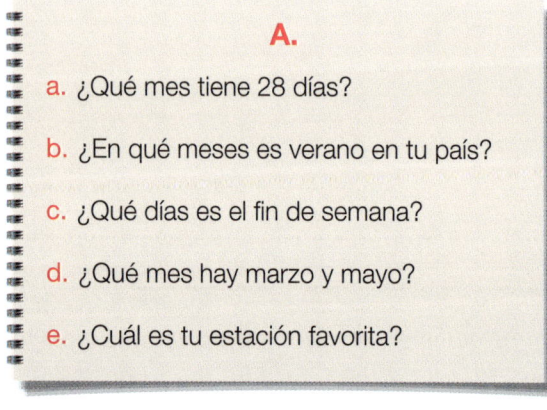

i................ primavera v............... otoño

2 EL CONCURSO DEL TIEMPO

1. Realiza a tu compañero estas preguntas (A). Luego, él te pregunta otras (B).

A.
a. ¿Qué mes tiene 28 días?
b. ¿En qué meses es verano en tu país?
c. ¿Qué días es el fin de semana?
d. ¿Qué mes hay marzo y mayo?
e. ¿Cuál es tu estación favorita?

B.
a. ¿Cuántas estaciones hay?
b. ¿Qué meses tienen 30 días?
c. ¿En qué mes es tu cumpleaños?
d. ¿Qué día es hoy?
e. ¿Qué meses no tienen «r» en su nombre?

3 ¿QUÉ ME PONGO?

1. Observa las imágenes, identifica la estación y escribe qué ropa llevan.

a. ....
   ....
   ....

b. ....
   ....
   ....

c. ....
   ....
   ....

d. ....
   ....
   ....

2. Ahora, escribe qué ropa llevas tú en cada estación.

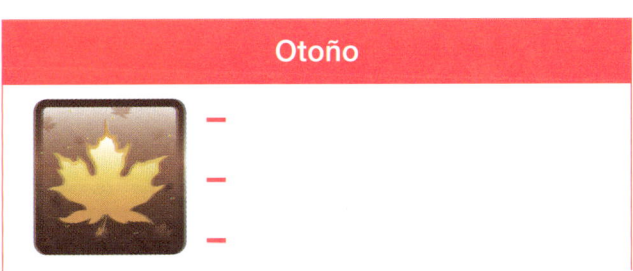

🎧 LABORATORIO DE FONÉTICA

La ñ y la h / La ll y la ch

- La ñ es una letra exclusivamente española. Proviene de la n + y. El ba**ñ**o
- La ll es una doble consonante. Se pronuncia como la y. La ca**ll**e
- La ch son dos letras, se pronuncian ts. El **ch**alé
- La h nunca se pronuncia. El **h**ijo

1. Escucha la pronunciación de las siguientes palabras y complétalas.

a. mu....o
b. peque....o
c. ....abitación
d. tama....o
e. si....a
f. co....e
g. compa....ero
h. ....amar
i. du....arse
j. ....acer
k. e....os
l. ....otel

UNIDAD 6 ¿CUÁL ES TU IMAGEN? | SECUENCIA 3

1 EL NUEVO YO

1. A. Celia, Cosme y Alicia tienen en sus teléfonos la aplicación Mujiyo. Van a crear su avatar. Lee las frases y relaciona a las tres personas con su avatar.

Celia: Mi avatar es baja y delgada. Tiene el pelo largo y moreno. Tiene los ojos marrones. Lleva gafas.

Cosme: Mi avatar es alto y delgado. Tiene el pelo castaño y corto. Tiene los ojos marrones. Lleva gafas, bigote y perilla.

Alicia: Mi avatar es alta y delgada. Tiene el pelo largo y pelirrojo. Tiene los ojos marrones. No lleva gafas.

a.   b.   c.   d.   e.   f.

B. Hay tres avatares sin describir. Elige dos y descríbelos.

....

....

2. Subraya el intruso. Luego, relaciona las palabras con su tema.

a. azul – verde – amarillo – falda
b. rojo – sandalias – botas – deportivas
c. bufanda – gorro – botas – camiseta
d. pelirrojo – rosa – castaño – rubio
e. cazadora – pantalón corto – vestido – falda
f. marrón – rojo – verde – azul
g. alto – barba – bajo – delgado

1. Ropa de verano
2. Color de ojos
3. Zapatos
4. Características físicas
5. Colores
6. Ropa de invierno
7. Color del pelo

3. Lee el anuncio de la página 70 del libro del alumno y marca verdadero (V) o falso (F).

	V	F
a. Mujiyo es una aplicación para móvil y ordenador.	☐	☐
b. Los emoticonos de Mujiyo se usan en las redes sociales.	☐	☐
c. El avatar puede parecerse a ti.	☐	☐
d. El avatar solo puede ser un animal.	☐	☐
e. Es una aplicación muy fácil.	☐	☐
f. Es gratis durante dos meses.	☐	☐
g. Los *stickers* de Mujiyo se llaman *amigomojis*.	☐	☐
h. El avatar se pone en fotos y conversaciones.	☐	☐
i. Snapchat es tu asistente virtual.	☐	☐

2 MI AVATAR

1. Laura y Lucas son los amigos de Alicia. Describe la ropa y el físico de cada uno.

Laura

Lucas

Laura   Lucas

2. Ahora vas a crear tu propio avatar. Describe la boca, los ojos... en cinco frases.

Mi avatar es un hombre/una mujer...

....
....
....
....
....

3. Lee las frases y complétalas con *ser*, *tener* o *llevar*.

a. Carolina .... los ojos verdes, el pelo moreno y .... baja.
b. Nosotros .... gafas de sol en verano.
c. Pedro y Luis .... barba y bigote y .... el pelo pelirrojo.
d. Yo .... alta y delgada.
e. Mi avatar .... alto y rubio y .... los ojos marrones.
f. Roberto .... la nariz pequeña y los ojos azules.
g. El ladrón .... un hombre bajo, gordo y .... perilla.
h. El avatar de Mar .... la boca y la nariz pequeñas.
i. Alfredo no .... castaño. .... el pelo y la barba blancos.
j. El detective privado .... un hombre alto y .... gafas y bigote.

UNIDAD **6** | EXAMEN DELE

COMPRENSIÓN DE LECTURA

Lee las informaciones de estas personas. A continuación, lee las preguntas (1-4) y selecciona la opción correcta (*a*, *b* o *c*).

Ejemplo:

0. *Natalia y Eduardo tienen un estilo:*

a. Informal.
b. *Moderno.*
c. Elegante.

*La opción correcta es la **b**.*

RUTH	NATALIA	ISMAEL	MÓNICA	EDUARDO
Marcas: Mango y Bimba y Lola	**Marcas:** H&M y Bershka	**Marcas:** Desigual y Gap	**Marcas:** Zara y Mango	**Marcas:** Pull&Bear y Stradivarius
Animal: gato	**Animal:** oso	**Animal:** perro	**Animal:** león	**Animal:** gato
Estilo: clásico y elegante	**Estilo:** moderno	**Estilo:** alegre y original	**Estilo:** clásico y formal	**Estilo:** informal y moderno
Estación: otoño	**Estación:** invierno	**Estación:** verano	**Estación:** primavera	**Estación:** otoño
Colores: ☺ negro ☹ amarillo	**Colores:** ☺ verde ☹ naranja	**Colores:** ☺ blanco y negro ☹ marrón	**Colores:** ☺ rojo ☹ violeta	**Colores:** ☺ azul y verde ☹ negro
Ropa: ☺ faldas y pantalones ☹ vaqueros	**Ropa:** ☺ vestidos ☹ cazadoras	**Ropa:** ☺ vaqueros y sudaderas ☹ cazadoras	**Ropa:** ☺ faldas y pantalones cortos ☹ sudaderas	**Ropa:** ☺ camisas ☹ camisetas
Complementos: pañuelo	**Complementos:** bufanda y gorro	**Complementos:** gorra y mochila	**Complementos:** pañuelo	**Complementos:** mochila
Avatar: Una mujer alta. Tiene el pelo rubio y los ojos verdes. Tiene la nariz pequeña y la boca grande.	**Avatar:** Una mujer baja. Tiene el pelo moreno y los ojos marrones. Tiene la nariz grande. Lleva gafas.	**Avatar:** Un hombre alto y delgado. Tiene el pelo pelirrojo y los ojos azules. Lleva barba y bigote.	**Avatar:** Una mujer alta. Tiene el pelo pelirrojo y los ojos verdes. Tiene la nariz y la boca pequeñas. Lleva gafas de sol.	**Avatar:** Un hombre bajo y gordo. Tiene el pelo rubio y los ojos marrones. Lleva perilla.

1 A Ruth y a Ismael les gusta este color:

a. Negro.
b. Blanco.
c. Amarillo.

2 El avatar de Ruth y el de Eduardo tiene el pelo:

a. Pelirrojo.
b. Moreno.
c. Rubio.

3 Le gusta el invierno a:

a. Natalia.
b. Ismael.
c. Mónica.

4 A Mónica no le gustan:

a. Las faldas.
b. Las cazadoras.
c. Las sudaderas.

COMPRENSIÓN AUDITIVA

Vas a escuchar cinco mensajes muy breves. Cada mensaje se repite dos veces. Relaciona las imágenes (*a-i*) con los mensajes (1-5). Hay tres imágenes que no debes seleccionar.

Ejemplo:

Mensaje 0: Me encanta correr y corro todos los domingos. Tengo muchas deportivas en mi armario, pero mis deportivas preferidas son unas de color rosa y amarillo.
La opción correcta es la b.

0	Mensaje 0	b
1	Mensaje 1	

2	Mensaje 2	
3	Mensaje 3	

4	Mensaje 4	
5	Mensaje 5	

a.

b.

c.

d.

e.

f.

g.

h.

i.

UNIDAD 7 ¿TIENES UNA VIDA SANA? | SECUENCIA 1

1 ALIMENTARNOS BIEN

1. En la revista *Vida Sana* hay un foro sobre los hábitos de alimentación. Aquí tienes unas entradas de los lectores de la revista. Lee y completa con estas palabras.

huevos | pan | carne | café | leche | fruta | pescado | pimientos | azúcar | piña | refrescos | yogures
aceite de oliva | verduras | arroz | chocolate | té | plátano | uvas | mantequilla | berenjenas | patatas | pollo

Vidasana.es

Actualidad | Dietas | Menús | Vida saludable | Embarazo y familia | Foros

FORO

Mensajes de Hoy   Lista de Miembros   Calendario

Inicio > Foro > Nutrición y dietas

Eleonor (Mensajes 8): Muchas veces tomo fruta para desayunar y un .... con .... con un poco de .... A veces meriendo .... con queso.

Eric (Mensajes 3): No como ....: soy vegetariano y como cereales y dos .... para desayunar. No me gusta la ...., siempre cocino con ....

Gabriela (Mensajes 2): Todos los días como cuatro piezas de ...., me gustan mucho las .... y la .... Consumo muchas ...., pero a veces tomo salchichas para cenar. Bebo muchos .... los sábados y los domingos.

Mar (Mensajes 5): Me encanta la paella, pero con .... integral. Nunca tomo .... antes de dormir porque es un excitante. Tomo más de 50 gramos de ....

Ramón (Mensajes 6): Todos los días tomo alimentos con proteínas: mucho .... porque tiene omega 3 y también .... Tomo siempre un .... antes de ir al gimnasio.

Pablo (Mensajes 7): Me gustan las verduras para cenar: los ...., las ...., etc. El sábado preparo .... con ...., me encanta.

2. ¿Quién tiene unos hábitos de alimentación más saludables?, ¿por qué? Justifica tu respuesta.

....

3. Vuelve a leer el foro, subraya las expresiones de frecuencia y ordénalas de más a menos. Luego, escribe una frase con cada una según tus hábitos.

+++	....
++	....
+	....
-	....

a. ....
b. ....
c. ....
d. ....

52 | cincuenta y dos

2 COMER PARA VIVIR MEJOR

1. Observa las fotos de estas dos parejas y descubre sus hábitos. Luego, subraya los que son poco saludables.

Lola e Isaac

Eduardo y Marcela

a. Soy Isaac. Hago una hora de ejercicio al día y bebo mucha agua, pero los fines de semana salgo con mis amigos, bebo refrescos y me acuesto muy tarde. Entre semana veo la televisión hasta la una de la mañana y solo duermo seis horas y media al día. Me gusta comer chocolate después de la cena.

b. Soy Lola. Como muchas ensaladas. Cuatro o cinco veces a la semana como carne, pollo, jamón y muchas salchichas. ¡Me encantan las salchichas! No practico deporte porque no tengo tiempo. Trabajo mucho y solo hago tres comidas al día. Nunca como fruta.

c. Soy Eduardo. Me gusta comer bien y como mucho. Tomo cinco cafés al día para estar activo, pero por la noche no puedo dormir. En mi trabajo tengo mucho estrés y como muchas galletas. Paseo todos los fines de semana con mi mujer.

d. Soy Marcela. Siempre me visto de color negro, ¡me gusta mucho este color! Siempre como lo mismo: pasta, patatas, arroz… No tengo mucho tiempo para cocinar. Utilizo mucha mantequilla. Después de cada comida, me río mucho con mi marido Eduardo.

2. Las personas anteriores quieren cambiar sus hábitos. Observa las fotos y escribe dos consejos para cada una, como en el ejemplo.

Isaac   Lola   Eduardo   Marcela

Isaac: *No debes comer chocolate después de cenar.*

....
....
....
....

3. ¿Y tú?, ¿cuáles son tus hábitos entre semana y los fines de semana? Escribe dos frases.

....
....

UNIDAD **7** **¿TIENES UNA VIDA SANA?** | SECUENCIA **2**

1 EN EL RESTAURANTE

1. Una pareja va a comer a un restaurante. Lee y ordena el diálogo.

- ☐ De segundo, vamos a tomar pollo asado y bistec con patatas.
- ☐ Una botella de agua con gas.
- ☐ Yo, de primero, quiero una sopa del día y mi mujer quiere una ensaladilla rusa.
- ☐ ¿Quieren postre?
- ☐ Buenas tardes. ¿Les gusta esta mesa?
- ☐ Perdone, ¿podemos pagar con tarjeta?
- ☐ 30 euros.
- ☐ ¡Hola, buenas tardes! Una mesa para dos, por favor.
- ☐ No, gracias. ¿Cuánto es?
- ☐ ¿Qué van a tomar?
- ☐ ¿Y para beber?
- ☐ Sí, claro que sí.
- ☐ ¿Y de segundo?
- ☐ Sí, para mí un flan casero y para mi mujer una tarta.
- ☐ Sí, sí. Es perfecta. Muchas gracias.
- ☐ Muy bien. ¿Algo más?

2. Clasifica estos platos.

fruta | sopa de tomate | merluza al horno | natillas caseras | menestra de verduras | pollo asado con patatas
ensalada de la casa | cordero con verduras a la plancha | tarta de manzana

Primeros	Segundos	Postres
–	–	–
–	–	–
–	–	–

3. Lee las frases y relaciona.

a. ¿Puedo pagar con tarjeta?   1. Hablar sobre el menú.
b. ¿Cuánto es?   2. Preguntar por los platos.
c. ¿Qué lleva la ensalada de la casa?   3. Pedir los platos.
d. A ver, mira, hay ensaladilla rusa, me encanta.   4. Pedir el postre.
e. De postre quiero una tarta de manzana.   5. Pedir la cuenta.
f. De primero, sopa, y de segundo, pollo asado con patatas.   6. Pagar.

4. Relaciona las columnas y forma frases, como en el ejemplo. Hay varias opciones.

Por favor, ¿puede traernos un poco de pan?

a. *Por favor, ¿puede traernos*	mucho	más, gracias.
b. No quiero	mucha	ensalada.
c. He bebido	*un poco de*	pan?
d. ¿Quieren	algo	para beber?
e. He comido	nada	café.

2 HÁBITOS SALUDABLES

1. Observa estas imágenes sobre los hábitos de los españoles. Escribe una frase para cada una de ellas con estos verbos y clasifícalas.

~~hablar~~ | dormir (x2) | dar | acostarse | cenar | tomar | cocinar | comer

Hábitos saludables (+)	Hábitos no saludables (–)
— Los españoles hablan tranquilamente después de las comidas.	—
—	—
—	—
—	—
—	—

2. Lee los siguientes hábitos y complétalos con estos verbos.

dar | reírse | hacer | leer | dormir
beber (x2) | tomar (x2)

a. Paula .... mucho con sus compañeros.

b. Los franceses .... mucho deporte.

c. Carlos .... café después de comer.

d. Los jóvenes .... alcohol los sábados.

e. Luis .... ocho horas todos los días.

f. Sofía .... paseos con su perro.

g. Bea y Pablo .... el sol en la playa.

h. Miguel .... dos litros de agua al día.

i. Lucas .... muchos libros en verano.

3. Marca si los siguientes hábitos son saludables o no.

Hábito saludable
Hábito no saludable

a. Escuchar canciones. ☐ ☐

b. Tomar muchos medicamentos. ☐ ☐

c. Hacer dos comidas al día. ☐ ☐

d. Dar abrazos. ☐ ☐

e. Tomar mucho alcohol. ☐ ☐

f. No comer fruta. ☐ ☐

g. Leer un buen libro. ☐ ☐

h. Tomar seis tazas de café. ☐ ☐

i. Reírse. ☐ ☐

j. Tomar dos tazas de té. ☐ ☐

UNIDAD 7   ¿TIENES UNA VIDA SANA? | SECUENCIA 3

1 EN FORMA CON EL DEPORTE

1. Para estar en forma la gente realiza distintas actividades. Relaciona las siguientes con su definición.

- a. montañismo
- b. patinaje
- c. senderismo
- d. tenis
- e. baloncesto

1. Andar por el campo.
2. Subir montañas.
3. Jugar con una raqueta y una pelota.
4. Jugar utilizando un balón.
5. Moverse con patines.

2. Relaciona estos deportes con las imágenes y forma frases, como en el ejemplo.

- a. fútbol
- b. *rafting*
- c. natación
- d. bádminton
- e. ciclismo

a. *Para jugar al fútbol es necesario un balón.*
b. ....
c. ....
d. ....
e. ....

3. Esta familia está compuesta por Guadalupe, Nicolás y su hija, Gloria. Escucha y marca con un color diferente la información de cada uno.

20

Deportes: ☐ correr ☐ jugar al baloncesto ☐ nadar ☐ patinar ☐ tenis
Hábitos saludables: ☐ comer pescado ☐ hacer deporte ☐ reírse ☐ beber agua ☐ hacer yoga
Hábitos no saludables: ☐ comer mucha carne ☐ no comer verdura ☐ no comer fruta ☐ beber alcohol
Verduras: ☐ pimiento ☐ berenjena ☐ brécol ☐ zanahoria
Frutas: ☐ piña ☐ uvas ☐ plátano ☐ manzana

Guadalupe

Gloria

Nicolás

56 | cincuenta y seis

4. ¿Lee las frases y selecciona la opción correcta.

   a. Es bueno nadar, *y/pero* no me gusta.
   b. Juego al baloncesto *y/pero* al fútbol los fines de semana.
   c. Me encanta montar en bicicleta *y/pero* tengo una bicicleta de montaña.
   d. Hago *rafting y/pero skateboarding, y/pero* no me gusta el *parkour*.
   e. Debo hacer gimnasia, *y/pero* no me gusta mucho ir al gimnasio.
   f. Hago senderismo los domingos *y/pero* montañismo los sábados.
   g. Corro en el parque, *y/pero* prefiero correr en la playa.
   h. Me gusta mucho el tenis *y/pero* juego los miércoles con mi hermano.
   i. Es necesario hacer deporte, *y/pero* no tengo tiempo.

2 EL RITUAL DE LA FELICIDAD

1. Completa con el verbo adecuado y marca qué prefieres, como en el ejemplo.

   ~~reírse~~ | ir | acostarse | pasear | enviar | viajar | levantarse | tomar | bañarse | hablar

   a. ....*Me río*.... con mis amigos y amigas ☐ con mi familia ☐.
   b. .... de tiendas solo/a ☐ acompañado/a ☐.
   c. .... un café ☐ un té ☐.
   d. .... por Europa ☐ por el mundo ☐.
   e. .... en el mar ☐ en la piscina ☐.
   f. .... temprano ☐ tarde ☐.
   g. .... mensajes por WhatsApp ☐ por correo electrónico ☐.
   h. .... tarde los viernes ☐ los sábados ☐.
   i. .... por teléfono con mi hermano ☐ mi pareja ☐.
   j. .... por la playa ☐ por la montaña ☐.

🎧 LABORATORIO DE FONÉTICA

La acentuación de las palabras (I)

Hay tres tipos de palabras. El acento está:

- en la última sílaba. Se llaman *agudas*.
  espa**ñol** o o o   ja**món** o o
- en la penúltima sílaba. Se llaman *llanas*.
  mesa o o   tor**ti**lla o o o
- en la antepenúltima sílaba. Se llaman *esdrújulas*.
  al**bón**digas o o o o   **sá**bado o o o

Algunas palabras llevan un acento gráfico. Se llama *tilde* (´) y solo hay un tipo.

🔊 **1.** Escucha estas 6 palabras y observa dónde se acentúan. Ahora, vuelve a escuchar y repite.
21
   a. café   d. terraza
   b. pescado   e. jamón
   c. miércoles f. número

🔊 **2.** Después, escucha estas 9 palabras y marca con color dónde va el acento.
22
   a. fruta   d. patata   g. tapa
   b. ración   e. alérgico   h. cenar
   c. semana   f. aquí   i. rápido

3. ¿Cuántas palabras llevan tilde? Márcalas. ¿Hay tildes en tu lengua?

cincuenta y siete | **57**

UNIDAD 7 | EXAMEN DELE

COMPRENSIÓN DE LECTURA

Lee las informaciones de estas personas. A continuación, lee las preguntas (1-4) y selecciona la opción correcta (*a*, *b* o *c*).

Ejemplo:

0. Alba y Héctor hacen:

a. Cinco comidas y yoga.   *La opción correcta es la a.*

b. Yoga y toman tres tazas de té.

c. Ejercicio y cinco comidas.

ALBA *Vegetariana*	VÍCTOR *Vegano*	JUDITH *Omnívora*	ESTHER *Omnívora*	HÉCTOR *Vegetariano*
Hábitos saludables: - hacer 5 comidas - hacer yoga - dormir la siesta	**Hábitos saludables:** - tomar 3 tazas de té - reírse - dar paseos	**Hábitos saludables:** - dormir 8 horas - dar abrazos - reírse	**Hábitos saludables:** - dar paseos - dormir la siesta - hacer ejercicio	**Hábitos saludables:** - comer chocolate - hacer 5 comidas - hacer yoga
Frutas: plátano	**Frutas:** uvas y plátano	**Frutas:** uvas	**Frutas:** piña y plátano	**Frutas:** piña
Verduras: pimiento	**Verduras:** pimiento	**Verduras:** brécol y zanahoria	**Verduras:** berenjena y brécol	**Verduras:** zanahoria
Horarios de comida: de lunes a viernes: 15:00 sábado-domingo: 16:00	**Horarios de comida:** de lunes a viernes: 15:30 sábado-domingo: 16:00	**Horarios de comida:** de lunes a sábado: 15:00 domingo: 15:30	**Horarios de comida:** de lunes a sábado: 14:30 domingo: 15:30	**Horarios de comida:** de lunes a viernes: 14:00 sábado-domingo: 15:00
Horarios de cena: de lunes a domingo: 21:30	**Horarios de cena:** de lunes a domingo: 21:00	**Horarios de cena:** de lunes a sábado: 21:00 domingo: 22:00	**Horarios de cena:** de lunes a viernes y domingo: 21:30 sábado: 22:00	**Horarios de cena:** de lunes a sábado: 20:30 domingo: 22:00
Deportes: montañismo y tenis	**Deportes:** bádminton y tenis	**Deportes:** patinaje	**Deportes:** ciclismo	**Deportes:** natación y tenis
Consejo: debe comer más verdura.	**Consejo:** debe beber más agua y hacer yoga.	**Consejo:** debe comer más fruta y verdura.	**Consejo:** debe dormir 8 horas y hacer yoga.	**Consejo:** debe hacer ejercicio y beber té.

1 Judith y Esther son:

a. Veganas.

b. Vegetarianas.

c. Omnívoras.

2 Comen los viernes a las 15:00.

a. Alba y Judith.

b. Víctor y Alba.

c. Judith y Esther.

3 Héctor y Víctor juegan al:

a. Bádminton.

b. Tenis.

c. Fútbol.

4 A Esther y a Víctor les gusta:

a. El ciclismo.

b. Beber té.

c. El plátano.

COMPRENSIÓN AUDITIVA

1 Vas a escuchar a Irene hablando de los hábitos que tienen sus compañeros de trabajo y ella. Cada audición se repite dos veces. Relaciona cada persona con una letra (columna de la derecha). Hay tres letras que no debes seleccionar.

23

Ejemplo:

0. Irene: ¡Me gusta mucho el té verde!
La opción correcta es la j.

0.	Irene	j
1.	Ernesto	
2.	Óscar	
3.	Manuel	
4.	Andrea	
5.	Isabel	
6.	Mercedes	
7.	Javier	
8.	Míriam	

a.	hace yoga.
b.	es deportista.
c.	come pollo.
d.	debe reírse más.
e.	bebe poca agua.
f.	es vegetariana.
g.	come mucho pescado.
h.	tiene una dieta mediterránea.
i.	bebe refrescos.
j.	bebe té verde.
k.	toma medicamentos.
l.	sale con sus amigos.

2 Ángela le cuenta a un amigo cómo son sus hábitos diarios. La audición se repite dos veces. Completa las oraciones (1-7) con la letra correspondiente (a-i). Hay una letra que no debes seleccionar.

24

Ejemplo:

0. Ángela hace ....*cinco*.... comidas al día.

1. Bebe .... tres veces al día.

2. El .... le gusta mucho.

3. Todos los días come .... gramos de chocolate.

4. Nunca bebe ....

5. Piensa que tiene que .... un poco más.

6. Cree que la leche caliente es un .... sedante.

7. Solo duerme .... horas.

	ENUNCIADOS
a.	fantástico
b.	café
c.	seis
d.	brécol
e.	cinco
f.	té
g.	cuarenta
h.	cinco
i.	dormir

cincuenta y nueve | 59

UNIDAD 8 ¿QUÉ EXPERIENCIAS IMPORTANTES HAS TENIDO? | SECUENCIA 1

1 LOS PREMIOS NOBEL

1. Alfred Nobel, químico, ingeniero e inventor sueco, es famoso por crear los premios que llevan su nombre.

    A. ¿Qué materia de los Nobel te parece más importante? Justifica tu respuesta.

    Paz | Física | Química | Economía | Medicina | Literatura

    La materia más importante para mí es .... porque ....

    B. Otros premios, como los Princesa de Asturias, reconocen otras materias. ¿Qué otras materias te parecen más interesantes?

    ....
    ....

2. Ahora, completa el crucigrama con los participios de los siguientes verbos.

    HORIZONTALES
    A. cambiar
    B. poner
    C. ver
    D. volver

    VERTICALES
    1. ganar
    2. decir
    3. defender
    4. hacer

3. Aquí tienes unos inventores. ¿Qué han hecho? Completa las frases con la nacionalidad del inventor y el verbo en pretérito perfecto compuesto, como en el ejemplo.

    Adam Osborne 🇬🇧 🇺🇸, británico y estadounidense, ha inventado el ordenador portátil.

    a. Johannes Gutenberg 🇩🇪, ..., (crear) .... la imprenta.

    b. Florence Parpart 🇺🇸, ..., (concebir) .... la nevera eléctrica.

    c. Martin Cooper 🇺🇸, ..., (inventar) .... el teléfono móvil.

    d. Ángela Ruiz Robles 🇪🇸, ..., (crear) .... el libro electrónico.

    e. Ladislao Biro 🇭🇺, ..., (concebir) .... el bolígrafo.

    Ordenador portátil 1981
    Imprenta 1440
    Nevera eléctrica 1914
    Móvil 1973
    Bolígrafo 1938
    Libro electrónico 1949

4. Completa con pretérito perfecto compuesto las siguientes frases y di a qué invento del ejercicio 3 se refiere cada una, como en el ejemplo.

modernizar | permitir | ~~revolucionar~~ | facilitar | cambiar | ser

Ha revolucionado los sistemas informáticos. ➝ *el ordenador portátil*.

a. .... la lectura con los avances tecnológicos del siglo xx. ➝ ....

b. .... la difusión de la lectura a un público más amplio. ➝ ....

c. .... la comunicación entre las personas. ➝ ....

d. .... un gran avance en la forma de escribir. ➝ ....

e. .... guardar la comida durante más tiempo. ➝ ....

2 GANADORES DE UN PREMIO NOBEL

1. Estas figuras de la literatura hispanoamericana han recibido un Nobel. Escribe una pequeña presentación de cada una, como en el ejemplo. Utiliza *escribir*, *ser*, *recibir* y *componer*.

- Nobel de 1945: **Gabriela Mistral** (Chile, 1889-1957)

    Ha compuesto muchos poemas. Tala y Lagar son los más conocidos. Es todavía la única mujer de un país hispanohablante que ha recibido el Nobel.

- Nobel de 1971: **Pablo Neruda** (Chile, 1904-1973)

    Autor de muchos poemas. *Veinte poemas de amor y una canción desesperada* es el más conocido.

    ....

    ....

- Nobel de 1982: **Gabriel García Márquez** (Colombia, 1927-2014)

    Autor de *Cien años de soledad*. Una de las figuras del *boom* latinoamericano.

    ....

    ....

- Nobel de 1990: **Octavio Paz** (México, 1914-1998)

    Autor de *El laberinto de la soledad*. Premio Cervantes.

    ....

    ....

- Nobel de 2010: **Mario Vargas Llosa** (Perú, 1936)

    Autor de *Los cachorros*. Una de las figuras del *boom* latinoamericano. Premios Cervantes y Princesa de Asturias.

    ....

    ....

UNIDAD 8 ¿QUÉ EXPERIENCIAS IMPORTANTES HAS TENIDO? | SECUENCIA 2

1 GENTE EXTRAORDINARIA

1. Estos textos hablan sobre algunos de los inventos españoles más famosos. Completa conjugando los verbos en pretérito perfecto compuesto y señala a qué objeto se refiere cada uno.

a.
> Es uno de los objetos que más utilizamos para limpiar la casa. Su inventor es el ingeniero Manuel Jalón y su invento nos (permitir) .... fregar el suelo sin ponernos de rodillas. Sin duda, (revolucionar) .... la forma de limpiar.

b.
> Pocos saben que esta golosina es de origen español. Su forma y su aspecto se (hacer) .... famosos en el mundo entero. ¿Quién no (ver) .... a alguien en la calle, en la tele o en el cine comiendo este rico caramelo?

Fregona

Helicóptero

Chupachups

Calculadora digital

c.
> Con esta máquina las operaciones matemáticas se (volver) .... más fáciles. Seguro que todos nosotros (defender) .... su uso en clase y en los exámenes, y gracias a ella (sacar) .... mejor nota. 😀

d.
> ¿Quién (decir) .... que solo los pájaros pueden volar? Juan de la Cierva (demostrar) .... que esto no es así y (diseñar) .... este aparato volador.

2. Ahora, vuelve a leer los textos de la actividad anterior y completa el cuadro.

Infinitivo	Participio regular

Infinitivo	Participio irregular

3. Juega en clase a los inventos. En grupos, cada uno tiene que pensar en un objeto y dar pistas sobre él. El resto tiene que adivinar de qué se trata.

> Ha mejorado la movilidad de las personas en las grandes ciudades.

El patín

62 | sesenta y dos

2 EXPERIENCIAS IMPORTANTES

1. La revista *Estudiantes universitarios por el mundo* ha publicado una entrevista con João Rodrigues, ganador del concurso «Estudiar español en España». Completa con los verbos en pretérito perfecto compuesto.

- Hola, João. ¿Cómo estás?
- Hola, Marta. Muy bien, gracias. Encantado de estar hoy aquí con vosotros.
- João, (ser) ……………… el ganador de la edición de este año del concurso «Estudiar español en España». ¿Estás contento?
- ¡Sí, mucho! Este año (presentarse) ……………… estudiantes de 13 países diferentes y todos (tener) ……………… que hacer pruebas muy difíciles. Pero estoy muy feliz porque al final el premio (ser) ……………… para Brasil y yo (tener) ……………… la oportunidad de pasar 2 meses en España.
- Creo que (volver) ……………… a casa hace poco, ¿no?
- Sí, hace una semana. Ahora intento retomar mi rutina diaria.
- ¿Cómo (ser) ……………… tu experiencia en España? ¿Dónde (vivir) ………………?
- La experiencia (encantar, a mí) ……………… . (Vivir) ……………… en Barcelona, una ciudad con muchas actividades para hacer y muchos sitios para visitar.
- ¿Dónde (estudiar) ………………?
- Los cursos (desarrollarse) ……………… en la universidad y es algo que (gustar, a mí) ……………… mucho porque (conocer) ……………… a muchos estudiantes extranjeros. (Aprender) ……………… mucho del idioma, pero también muchas cosas de otras culturas.
- ¿Y tu vida allí? ¿(Tener) ……………… choques culturales?
- No muchos, la verdad. La gente es muy amable y cariñosa. Siempre que (necesitar) ……………… algo, me (ayudar) ……………… . Claro que la comida o los horarios, por ejemplo, son muy diferentes a los de mi país.
- ¿Qué es lo que más (gustar, a ti) ……………… allí?
- ¡Muchas cosas! (Mejorar) ……………… mi nivel de español, (conocer) ……………… a gente muy interesante, (hacer) ……………… actividades nuevas, (ver) ……………… lugares preciosos… ¡Hasta (ponerse) ……………… un *piercing*! Ja, ja, ja.
- Ja, ja, ja. ¿Y lo que menos?
- Lo que menos… que (enamorarse) ……………… de una chica española y ahora (tener) ……………… que volver a mi país…
- Entiendo… las relaciones a distancia son difíciles…
- Sí, mucho…
- João, (ser) ……………… un placer hablar contigo y conocer tu experiencia. Muchas gracias por hablar con *Estudiantes universitarios por el mundo*.
- ¡Gracias a vosotros!

2. Y tú, ¿has estudiado fuera de tu país como João? Explica cómo ha sido tu experiencia y si alguna vez…

has vivido fuera de tu ciudad | has conocido gente de otros países | has probado comida extranjera
has tenido un choque cultural | te has enamorado

3. En grupo, pregunta qué experiencias han tenido otras personas y haz valoraciones. Usa estas expresiones.

¡Qué bien! | ¡Es fantástico! | ¡Estupendo! | ¡Perfecto!

sesenta y tres | **63**

UNIDAD 8 ¿QUÉ EXPERIENCIAS IMPORTANTES HAS TENIDO? | SECUENCIA 3

1 HA SIDO UN DÍA PRECIOSO

1. A. Lee y completa el correo electrónico con el verbo en pretérito perfecto compuesto.

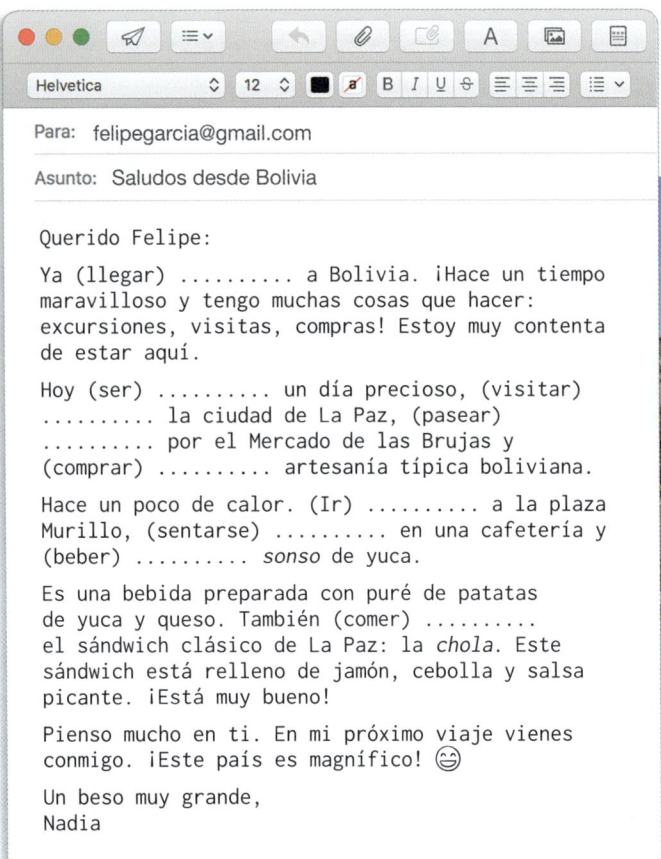

Para: felipegarcia@gmail.com
Asunto: Saludos desde Bolivia

Querido Felipe:

Ya (llegar) .... a Bolivia. ¡Hace un tiempo maravilloso y tengo muchas cosas que hacer: excursiones, visitas, compras! Estoy muy contenta de estar aquí.

Hoy (ser) .... un día precioso, (visitar) .... la ciudad de La Paz, (pasear) .... por el Mercado de las Brujas y (comprar) .... artesanía típica boliviana.

Hace un poco de calor. (Ir) .... a la plaza Murillo, (sentarse) .... en una cafetería y (beber) .... *sonso* de yuca.

Es una bebida preparada con puré de patatas de yuca y queso. También (comer) .... el sándwich clásico de La Paz: la *chola*. Este sándwich está relleno de jamón, cebolla y salsa picante. ¡Está muy bueno!

Pienso mucho en ti. En mi próximo viaje vienes conmigo. ¡Este país es magnífico! 😁

Un beso muy grande,
Nadia

Plaza Murillo, La Paz

B. Ahora, contesta estas preguntas.

a. ¿Qué ciudad ha visitado Nadia? ....

b. ¿Qué ha bebido en la plaza Murillo? ....

c. ¿Qué ha comido? ....

d. ¿A quién escribe el correo? ....

C. Lee la información y completa.

El pretérito perfecto compuesto se forma con el verbo *haber* (he, ..., ..., hemos, ..., ...) + el participio.

D. Escribe el participio de estos verbos.

a. ver ....
b. hacer ....
c. ser ....
d. poner ....
e. visitar ....
f. escribir ....
g. tener ....

2. HE CAMBIADO DE VIDA HASTA HOY

1. Relaciona cada imagen con un verbo y escribe frases. Utiliza estas estructuras.

> *(no)* **Hace** + cantidad de tiempo + *que* + actividad
> *(no)* Actividad + ***desde hace*** + cantidad de tiempo
> ***Desde*** + momento o fecha + actividad

a. Elke

- la primavera pasada
- 2014
- dos meses
- tres años

no ir al cine ☐   hacer crucigramas ☐   bailar ☐   tener un móvil ☐

a. *Desde la primavera pasada baila con su pareja.*
b. ....
c. ....
d. ....

2. Completa las frases con la estructura de tiempo correspondiente.

a. .... el año pasado no como chocolate.
b. .... quince años .... vivo en Bucarest.
c. Voy a natación .... cuatro meses.
d. Viajo todos los fines de semana a Madrid .... dos años.
e. .... solo tres semanas .... estudio árabe.
f. .... un par de meses .... practico *spinning* en un gimnasio.
g. Me visto con ropa de color negro .... algunas semanas.

🎧 LABORATORIO DE FONÉTICA

La acentuación de las palabras (II)

En español existen palabras **agudas**, **llanas** y **esdrújulas**.
- Las palabras **agudas** son las que tienen acento (intensidad de voz) en la **última** sílaba.
  o o na**riz**   o o o ani**mal**
  Llevan acento ortográfico (´) cuando terminan en **vocal**, **-n** o **-s**: tam**bién**, auto**bús**

- Las palabras **llanas** son las que tienen acento (intensidad de voz) en la **penúltima** sílaba.
  En español la mayoría de las palabras son llanas.
  o o o i**ma**gen   o o **ti**gre
  Llevan acento ortográfico (´) cuando **no** terminan en **vocal**, **-n** o **-s**: **mó**vil, **lá**piz

- Las palabras **esdrújulas** son las que llevan el acento (intensidad de voz) en la **antepenúltima** sílaba y siempre llevan acento ortográfico (´) en esa sílaba.
  o o o **fí**sico, **rá**pido

1. Lee y completa la regla de acentuación.
- Las palabras agudas llevan tilde (´) cuando terminan en ...., ... o ....: *café, sofás*.
- Las palabras llanas llevan tilde (´) cuando no terminan en ...., ... o ....: *árbol, fácil*.
- Las palabras esdrújulas llevan tilde ....: *cómodo, teléfono*.

2. Busca en la unidad palabras con tilde (´).
a. **Agudas** o o o   ....
b. **Llanas** o o o   ....
c. **Esdrújulas** o o o   ....

3. Lee y resalta con un color la sílaba que se acentúa. Pon la tilde si es necesario.

clasico – ropa – bufanda – original
aplicacion – imagen – marron
azul – bolso – carnivoro

COMPRENSIÓN DE LECTURA

Lee estos mensajes. Relaciona cada mensaje (*a-j*) con la frase correspondiente (1-6). Hay tres mensajes que no debes seleccionar.

Ejemplo:

0. Escribir correo electrónico.
La opción correcta es la **a**.

a. marta@email.com

b. Recordatorios
Comprar entradas: animales.com
Nuevo recordatorio

c. Domingo. 14:00
Restaurante Pomodoro

d. 19 | 20
Redacción sobre un español famoso

e. Recordatorios
Buscar información sobre el Camino de Santiago
Nuevo recordatorio

f. Horarios del tren: 18:20 y 18:50

g. Llevar documentos a ONG

h. c/ Alcalá 125, 3.º B

i. 14 de febrero
22:30
La nota musical

j. 19 | 20
Estudiar unidad 10

0.	Escribir correo electrónico.	a
1.	Ver documental sobre los nobeles españoles.	
2.	Pedir voluntariado.	
3.	Ir de safari.	
4.	Preparar viaje.	
5.	Concierto.	
6.	Examen de español.	

COMPRENSIÓN AUDITIVA

 1 Vas a escuchar a Diana hablar sobre los Premios Nobel españoles. Cada audición se repite dos veces. Relaciona cada número con una letra (columna de la derecha). Hay tres letras que no debes seleccionar.

Ejemplo:
0. Diana: Hoy he visto un programa de televisión muy interesante sobre los Premios Nobel.
La opción correcta es la g.

0.	Diana	g
1.	Han ganado el Nobel	
2.	Dos de los Premios	
3.	José Echegaray	
4.	Jacinto Benavente	
5.	Camilo José Cela	
6.	Mario Vargas Llosa	
7.	Ramón y Cajal	
8.	Severo Ochoa gana el Nobel	

a.	53 años después de Ramón y Cajal.
b.	ha sido el matemático más importante del siglo XIX.
c.	tiene nacionalidad peruana y española.
d.	seis españoles.
e.	es un escritor del siglo XX.
f.	son de Literatura.
g.	ha visto un programa en la tele.
h.	ha sido escritor, director y productor de cine.
i.	ha visto un programa en Internet.
j.	son de Medicina.
k.	ocho españoles.
l.	ha ganado el primer Nobel de Ciencias.

 2 Silvia habla con su amigo Miguel sobre su nuevo trabajo. La audición se repite dos veces. Completa las oraciones (1-7) con la letra correspondiente (a-i). Hay una letra que no debes seleccionar.

Ejemplo:
0. Silvia trabaja en un ......colegio...... nuevo.

1. El colegio está .... de su casa.
2. Silvia está .... en el trabajo.
3. Es un colegio .... y de ambiente familiar.
4. Da clases de Lengua Española en 2.º y 3.º y de .... en 4.º.
5. En cada clase hay .... estudiantes.
6. Silvia tiene clases los lunes, ... y viernes.
7. Los jueves tiene que estar en la ....

	ENUNCIADOS
a.	contenta
b.	biblioteca
c.	veinte
d.	colegio
e.	pequeño
f.	veinticinco
g.	Literatura
h.	cerca
i.	miércoles

UNIDAD 9 ¿QUÉ TAL TE ENCUENTRAS? | SECUENCIA 1

1 EL ORDENADOR Y EL CUERPO

1. El síndrome del teléfono móvil. ¿Conoces las enfermedades que causa el uso excesivo del teléfono móvil? Relaciona cada problema con su explicación.

   a. Síndrome de mano de garra
   b. Nomofobia
   c. Síndrome del cuello roto

   1. Problemas en el cuello y los hombros.
   2. Problemas en las manos.
   3. Miedo a no tener el teléfono móvil.

2. Observa estas imágenes y escribe los problemas que provoca el móvil, como en el ejemplo.

 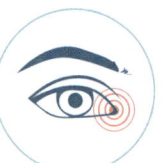    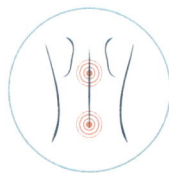

   a. *El teléfono móvil provoca muchos problemas en los ojos.*
   b. ....
   c. ....
   d. ....
   e. ....

3. **A.** Escribe el nombre de cada parte del cuerpo y explica su función, como en el ejemplo.

   espalda | piernas | cuello | rodillas | hombros | pies | boca | brazos

   b. ....
   c. ....
   d. ....
   a. ....
   e. ....
   f. ....
   g. ....
   h. ....

   a. *La espalda permite mover todo el cuerpo.*
   b. ....
   c. ....
   d. ....
   e. ....
   f. ....
   g. ....
   h. ....

   B. Completa las frases con la parte del cuerpo adecuada. Después, escribe qué problemas tienen la tenista, el agricultor y la cocinera.

   a. Como soy azafata, estoy mucho tiempo de pie en el avión y tengo problemas en las ....
   b. Soy profesor de deporte, tengo problemas en las .... y en los .... porque corro mucho.
   c. Como soy jardinero, toco muchas plantas y tengo problemas en las .... y en los ....
   d. Como soy secretaria, tengo muchos problemas en los .... y en el .... porque trabajo mucho con el ordenador.
   e. Soy conductor y tengo muchos problemas en la .... porque estoy muchas horas al día sentado.
   f. Soy tenista y ....
   g. Como soy agricultor, ...
   h. Yo soy cocinera, ...

2 NO ME ENCUENTRO BIEN

1. A. Lee estos comentarios de los amigos de Raúl y complétalos con el verbo conjugado correspondiente. Hay varias posibilidades.

doler | encontrarse | estar | tener | sentirse

Rubén: ¡Hola, Raúl! Yo tampoco .... bien, como tú. Hoy .... un poco cansado porque he trabajado ocho horas delante del ordenador. .... mucho los ojos y la cabeza, pero creo que no .... fiebre.

Rita: ¡..................... muy mal, Raúl! He ido a correr y ahora .... mucho el pie derecho, ¡ay, ay! No puedo andar, ¡..................... mucho! Me voy al hospital.

Roberto: ¡Ay, Raúl! Yo tengo los mismos síntomas que tú. .... todo el cuerpo, ... fatal. Estoy muy blanco. Esta tarde no voy a ir a trabajar porque .... 39 de fiebre. Además, ... mucha tos. ¿Qué me pasa?, ¿crees que .... gripe?

Rosana: Yo también .... enferma. Me encantan los frutos secos y he comido muchos cacahuetes. No .... muy bien. .... una reacción alérgica en el cuello, las manos y los brazos. Bueno, me voy al médico.

Roque: Pues, Raúl, yo no .... muy bien tampoco. .... los ojos. .... los ojos muy rojos. Creo que .... alergia al polen y como ahora estamos en primavera… Voy a ir a la farmacia.

B. Ahora, localiza las siguientes estructuras en los comentarios anteriores y escribe ejemplos.

Estoy + adjetivo	*Me duele(n)* + artículo + sustantivo	*(No) Me encuentro/ Me siento* + adverbio	*Tengo* + sustantivo
–	–	–	–

C. Vuelve a leer los comentarios y marca la opción correcta.

	Rubén	Rita	Roberto	Rosana	Roque
a. ¿A quién le duele todo el cuerpo?	☐	☐	☐	☐	☐
b. ¿Quién va al hospital?	☐	☐	☐	☐	☐
c. ¿Quién se encuentra fatal?	☐	☐	☐	☐	☐
d. ¿Quiénes tienen alergia?	☐	☐	☐	☐	☐
e. ¿A quiénes les duelen los ojos?	☐	☐	☐	☐	☐
f. ¿Quién va a la farmacia?	☐	☐	☐	☐	☐

2. ¿Qué les duele? Observa las imágenes y escribe una frase para cada una, como en el ejemplo.

a. Jaime
b. Iris y Felipe
c. Sara
d. Celia
e. Alfredo

a. *A Jaime le duele una muela.*
b. ....
c. ....
d. ....
e. ....

UNIDAD 9 ¿QUÉ TAL TE ENCUENTRAS? | SECUENCIA 2

1 ¿QUÉ HACES CUANDO...?

1. Relaciona cada imagen con un consejo.

   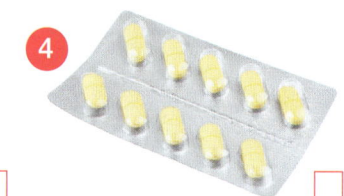

a. Debe tomar una infusión de manzanilla y semillas de limón para estar relajado.
b. Puedes tomar un jugo de limón con agua para limpiar tu estómago.
c. Debes tomar pastillas si tienes una reacción alérgica cuando comes marisco.
d. Puede tomar un zumo de zanahoria, miel y limón para el dolor de garganta.

2. A. Lee los comentarios de la familia de Raúl y complétalos con estas palabras.

zumo de limón con agua | jarabe | pastillas | crema | infusión | gotas | tirita | zumo de zanahoria con miel y limón

a. En invierno, mi hermana Carla y yo estamos siempre enfermas y nos duele mucho la garganta. Tomamos .... para el catarro.
b. Alicia tiene alergia a los frutos secos. Su médico le recomienda tomar ....
c. María tiene mucha tos y este .... es muy bueno para no toser.
d. Cuando Oliver sale de la piscina, siempre tiene los ojos rojos y por eso se pone ....
e. A Patricia le encanta el chocolate y come mucho, por eso le duele el estómago. Toma .... para limpiarlo.
f. Daniel tiene la piel muy roja, porque tiene alergia al sol. Se pone .... todos los días antes de salir de casa.
g. Álex y Clara tienen en los dedos una pequeña herida y se ponen una ....
h. Mis primos y yo tenemos mucho estrés y fuertes dolores de cabeza cuando trabajamos mucho delante del ordenador, por eso por las noches tomamos una .... para relajarnos.

B. Subraya las formas de los verbos *tomar* y *ponerse* en las frases anteriores y completa las conjugaciones.

Tomar	—
	—
	—
	—
	—
	—

Ponerse	—
	—
	—
	—
	—
	—

2 DA CONSEJOS

1. Lee estas frases y expresa posibilidad con *quizá/a lo mejor* + indicativo, como en el ejemplo.

a. Me duelen los oídos y no puedo oír bien. — *Quizá/A lo mejor tienes otitis.*
b. Juan está muy mareado y no se puede levantar. ....
c. Te duele mucho la pierna y no puedes andar bien. ....
d. Teo se encuentra fatal y está sentado. ....
e. Karin tiene tos y le duele la garganta. ....
f. Guillermo ha comido fresas y no se encuentra bien. ....
g. Tengo los ojos muy rojos y me duelen. ....

3 LOS BENEFICIOS FÍSICOS Y MENTALES DEL JUEGO

1. A. ¿Conoces estos juegos? Observa las imágenes, lee los textos y relaciónalos.

La baraja española

1 Para jugar es necesario un tablero con 68 casillas divididas en colores. Hay cuatro colores: rojo, amarillo, azul y verde. Pueden jugar 4 participantes, pero se puede jugar con menos o jugar en equipos.
Lo importante es vencer a los otros jugadores y meter las cuatro fichas en la casilla final. Hay que respetar muchas reglas, estar atento y ser honesto. Es un juego similar al pachisi, un juego que procede de la India.

El dominó

2 Tiene origen chino, pero fueron los árabes los que la llevaron a España. Está compuesta por 48 cartas y está dividida en 4 grupos llamados: oro, copas, espadas y bastos. 4 es un buen número de jugadores, pero pueden jugar más.
Se ha convertido en un juego de mesa muy popular en España, y hay muchos juegos diferentes en los que se utiliza.
Es un juego divertido en el que debes ganar puntos y colaborar si juegas en parejas.

El parchís

3 Es un juego de mesa que tiene su origen en China.
Se compone de 28 fichas en forma de rectángulo de color blanco y negro. Estas fichas tienen puntos del 0 al 6. Pueden jugar de 2 a 4 jugadores de manera individual, pero también se puede jugar en parejas.
Es necesario tener memoria y paciencia y colaborar con los compañeros si juegas en parejas. Hay que hacer una cadena de fichas unidas con los mismos puntos y terminar el juego sin fichas.

B. Lee de nuevo los textos y completa la tabla.

	origen	objetivo	n.º de participantes
a. La baraja española			
b. El dominó			
c. El parchís			

C. Escribe los beneficios de jugar. Utiliza estas palabras.

~~respetar~~ | la memoria | la cooperación | resolver | emociones | objetivo

a. *En los juegos respetas unas normas.*
b. ....
c. ....
d. ....
e. ....
f. ....

UNIDAD 9 | ¿QUÉ TAL TE ENCUENTRAS? | SECUENCIA 3

1 NUEVOS PROBLEMAS

1. Completa con estas palabras.

sol | leche | huevos | queso | frutos secos | gambas | gluten | gatos | yogur | polen | ácaros | penicilina

Productos lácteos	Alergias alimentarias	Otras alergias
–	–	–
–	–	–
–	–	–
–	–	–

2. Escribe cada palabra en la definición adecuada.

celiaco | lactosa | alergia | ácaro | polen | marisco

a. Productos del mar que comemos en la paella. ....
b. Granos, semillas que tienen las flores. ....
c. Animal muy pequeño que causa alergia. ....
d. Persona que no puede tomar gluten. ....
e. Azúcar que tiene la leche. ....
f. Problema de salud. ....

🎧 LABORATORIO DE FONÉTICA

La acentuación de los monosílabos

Los monosílabos son palabras de una sola sílaba y normalmente no se acentúan, excepto en algunos casos, cuando son palabras iguales, pero de distinto significado.

Llevan tilde (')

– *Mí* y *tú*: son pronombres personales.
A *mí* me gusta la Física.
Tú eres español.

– *Él*: es pronombre personal.
Él es un matemático muy famoso.

– *Sí*: es una afirmación (contrario de *no*).
Sí, es verdad lo que dices.

– *Sé*: forma yo del verbo saber.
Yo *sé* la respuesta.

No llevan tilde (')

– *Mi* y *tu*: son posesivos.
Mi personaje favorito es Rigoberta Menchú.
Tu libro es fantástico.

– *El*: es artículo determinado.
A mí me gusta *el* arte.

– *Si*: es una condición.
Voy al cine *si* volvemos pronto.

– *Se*: es pronombre.
Juan *se* ha casado tres veces.

1. Lee y subraya la opción correcta.

a. Quiero vivir con intensidad **mi/mí** vida.
b. A **mi/mí** me interesa mucho la Literatura.
c. ¿Estás contento con **tu/tú** vida?
d. ¿**Tu/Tú** has volado alguna vez en globo?
e. **El/Él** está cansado de la rutina.
f. En **el/él** futuro quiero ser médica.
g. **Si/Sí** estoy motivado, aprendo mejor.
h. **Si/Sí**, es verdad, los héroes si/sí existen.
i. **Se/Sé** ha enamorado de su mejor amigo.
j. **Se/Sé** responder a esta pregunta.

2. Escribe ejemplos de frases con monosílabos con y sin tilde.

....

2 LAS ALERGIAS MÁS FRECUENTES

1. A. Raúl está consultando una página web. Lee y complétala con las expresiones para…

> Expresar causa: *por, porque*
> Añadir información: *además, también*
> Expresar una consecuencia: *por eso, por lo tanto*

LA ENFERMEDAD CELIACA

La enfermedad celiaca es una enfermedad digestiva. En esta enfermedad hay un componente genético importante. Es necesario detectarla, pero es difícil ………………… algunos pacientes no tienen síntomas y otros son iguales que los de otras enfermedades, como el cansancio, el dolor abdominal, el vómito, y ………………… la pérdida de peso y la diarrea. Los pacientes celiacos no toleran una proteína: el gluten. …………………, cuando un celiaco come un alimento que tiene gluten, su sistema inmunológico lucha contra sí mismo. …………………, para el tratamiento de esta enfermedad, los celiacos deben hacer una dieta sin gluten.

El gluten está en los cereales como el trigo, la avena, el centeno y la cebada, ………………… de las salsas…

En España, el 1 % de la población es celiaca. ………………… cada dos mujeres celiacas hay un hombre celiaco. Entre un 80 y un 85 % de los celiacos no tienen un diagnóstico médico porque no tienen síntomas digestivos.

El día 5 de mayo es el Día Internacional del Celiaco.

Alimentos que no pueden comer:

Alimentos que pueden comer:

B. Responde a estas preguntas.

a. ¿Qué es la enfermedad celiaca?, ¿por qué es difícil detectarla?
…………………………………………………………………………………………

b. ¿Cuáles son sus síntomas?
…………………………………………………………………………………………

c. ¿Qué proteína no toleran? ¿En qué cereales está?
…………………………………………………………………………………………

d. En España, ¿hay más hombres o mujeres con esta enfermedad?
…………………………………………………………………………………………

C. Localiza en el texto 2 palabras masculinas terminadas en –*a*.
…………………………………………………………………

UNIDAD 9 | EXAMEN DELE

COMPRENSIÓN DE LECTURA

Lee el correo electrónico que Jimena ha escrito a su amigo Rodrigo. A continuación, contesta a las preguntas. Selecciona la opción correcta (*a*, *b* o *c*).

Para: Rodrigo
CC:
Asunto: Noticias

Hola, Rodrigo:

¿Qué tal estás? Hace mucho tiempo que no te escribo, pero estos últimos meses han sido muy difíciles para mí. He tenido muchos problemas de salud.

Tengo un trabajo nuevo. Soy secretaria de dirección y hace dos semanas que tengo el síndrome del ordenador. Tengo problemas en las piernas, en la espalda y en los ojos. Paso mucho tiempo sentada mirando el ordenador y, al final del día, no me encuentro muy bien porque me duele todo el cuerpo. Mi médico dice que debo tomar, antes de dormirme, unas pastillas con una manzanilla y semillas de limón para los dolores fuertes de cabeza y debo ponerme también unas gotas en los ojos dos veces al día.

Además de estos problemas, tengo una nueva enfermedad. Ahora soy alérgica a muchas cosas: a los perros, al polen, y ya no puedo comer frutos secos y tampoco muchas frutas… ¡es una situación muy difícil para mí!

Sé que tú eres celiaco y no puedes comer alimentos con gluten, ¿cómo estás ahora?, ¿compras productos sin gluten en el supermercado?

Me tienes que dar consejos porque para mí esta enfermedad es nueva. Esta tarde he tenido una reacción alérgica muy fuerte. He comido paella de marisco en un restaurante cerca de mi trabajo y a lo mejor tengo alergia también a los mariscos. ¿Además de ser celiaco tienes alergia a otros alimentos?

Quiero invitarte a comer a mi casa y hablamos. ¿Tienes tiempo libre este fin de semana?

Espero tu respuesta.

Un abrazo,
Jimena

PREGUNTAS

1 Jimena escribe a Rodrigo para:
a. explicarle los tipos de alergia.
b. hablarle de su nuevo trabajo.
c. contarle todos sus problemas de salud.

2 En el texto se dice que Jimena:
a. es celiaca.
b. tiene alergia.
c. no puede comer en los restaurantes.

3 Según el texto, Rodrigo:
a. compra productos sin gluten.
b. puede comer alimentos con gluten.
c. no puede comer alimentos con gluten.

4 Jimena le pide a Rodrigo consejos sobre:
a. una enfermedad.
b. los alimentos con gluten.
c. su nueva enfermedad.

5 Jimena le propone a Rodrigo:
a. hablar con él el fin de semana.
b. pasar el fin de semana juntos.
c. invitarlo a comer y hablar.

COMPRENSIÓN AUDITIVA

Vas a escuchar una conversación entre una médica y un paciente. La conversación se repite dos veces. Indica si los enunciados se refieren a Manuel (*a*), a la señora García (*b*) o a ninguno de los dos (*c*).

ENUNCIADOS		a. Manuel	b. Señora García	c. Ninguno de los dos
0.	*Se encuentra mal.*	X		
1.	Le hace muchas preguntas.			
2.	Tiene síntomas desde hace una semana.			
3.	Tiene tos y fiebre.			
4.	Le recomienda reposo.			
5.	Le duele el estómago.			
6.	Debe hacer deporte.			

EXPRESIÓN E INTERACCIÓN ESCRITAS

Tienes que escribir un texto sobre alguien que está enfermo. Habla de:

- Qué le pasa y qué síntomas tiene.

- Cómo se siente.

- Qué medicamentos toma.

- A qué médicos va.

- Si conoces a alguien con esos síntomas.

Número de palabras: entre 70 y 80.

....

....

....

....

....

setenta y cinco | **75**

UNIDAD 10 ¿TE GUSTA LA NATURALEZA? | SECUENCIA 1

1 DE LA CIUDAD AL CAMPO

1. Isabel y Jaime son neorrurales. Lee los textos y marca lo positivo y lo negativo de su cambio de vida.

He cambiado mi vida en Madrid por el campo y estoy muy contenta. Ahora, tengo mucho menos estrés que antes. Como tengo acceso a Internet, puedo trabajar desde casa, pero a veces no funciona muy bien y es un problema.

Tengo una casa muy grande con una huerta ecológica y no un piso pequeño como en Madrid. Como frutas y verduras frescas y hago mi propio pan.

Donde vivo no hay contaminación. Ya no utilizo el coche, siempre voy en bicicleta.

Ya no vivo en Barcelona, ahora vivo en el campo con mi mujer y mis hijos. El cambio ha sido muy bueno porque tenemos una vida más sana y relajada, pero es verdad que ahora tenemos menos acceso a las actividades culturales.

Donde vivimos no hay cines ni teatros, pero hay ferias gastronómicas todos los meses muy interesantes.

Por las noches podemos dormir sin problema porque no hay ruidos. ¡Nos encanta la vida en el campo!

2. Observa las imágenes y relaciónalas con la opción correcta. ¿Corresponden al campo (Ca) o a la ciudad (Ci)?

vida relajada | teatro | agricultura ecológica | contaminación | exposición de pintura
estrés | contacto con la naturaleza | productos artesanales

3. Escribe un texto explicando las ventajas e inconvenientes de vivir en el campo y en la ciudad. Utiliza estas palabras: *ruido, estrés, contaminación, productos artesanales, zonas verdes* y *nuevas tecnologías*.

2 VIVIR EN EL CAMPO

1. Lee estos comentarios del foro Estilos de vida y complétalos con estas palabras.

educación | seguridad | naturaleza | precios | Internet | trabajo

«En el campo los .... son más bajos: los productos, los servicios y las casas son menos caros que en la ciudad. Con poco dinero puedes hacer muchas más cosas. La vida es más barata». **Manuela (53 años)**

«En la ciudad la calidad de vida es peor, pero el acceso a la .... es mucho más fácil. Hay más institutos y universidades». **Blas (37 años)**

«Vivir en la ciudad puede ser tan agradable como vivir en el campo, pero el campo tiene una gran ventaja: el mayor contacto con la ....». **Rubén (28 años)**

«La vida en la ciudad es fantástica porque tenemos un mejor acceso a .... La tecnología tiene un mayor desarrollo. Además, vivir en el campo es más aburrido». **Carlota (19 años)**

«En la ciudad hay más oportunidades de tener ...., pero la vida en la ciudad es más estresante». **Guillermo (49 años)**

«En el campo la .... es mayor que en la ciudad. Podemos salir a la calle sin problemas. Además, el aire es más puro, la contaminación es menor». **Matilde (60 años)**

2. A. Subraya los comparativos irregulares de los comentarios del ejercicio anterior y completa.

bueno	malo	pequeño	grande
—	—	—	—

B. Ahora, subraya de diferentes colores las frases de superioridad, inferioridad e igualdad.

3. Observa las imágenes y escribe frases comparativas con estas palabras: *contaminante, estrés, zonas verdes* y *fresca*.

a. .... b. ....

c. .... d. ....

4. ¿Dónde vives? Escribe frases sobre tu pueblo o ciudad. Puedes utilizar estas palabras.

tranquilo/a | contaminación | tráfico | zonas verdes

a. ....
b. ....
c. ....
d. ....

UNIDAD 10 ¿TE GUSTA LA NATURALEZA? | SECUENCIA 2

1 MARAVILLAS EN HISPANOAMÉRICA

1. A. La agencia Viajes de aventura ofrece tres nuevos destinos. Completa los textos con estas palabras.

seco | lluvioso (x2) | activos | calurosas | húmedo | dormidos | tropical

Isla de Pascua o Rapa Nui (Chile)

Es la mayor isla de Chile. Tiene un clima .... con temperaturas suaves o .... todo el año. Su clima es similar al de las islas Canarias.

Tiene volcanes: algunos .... y otros ....

Esta isla es uno de los principales destinos turísticos de Chile por su belleza natural y su cultura.

Glaciar Perito Moreno (Argentina)

Es una masa de hielo en el sudoeste de Argentina, en la región de la Patagonia.

El glaciar tiene 5 kilómetros de ancho y una profundidad de 170 metros.

La temperatura es fría tanto en invierno como en verano.

Tiene un clima .... durante todo el año.

La *ruptura del glaciar* es el evento más importante de este lugar.

Lago Titicaca (Bolivia-Perú)

Es el lago navegable más alto del mundo. Está entre Bolivia y Perú.

La temperatura media es de 13 °C y en verano hay muchas tormentas.

Durante los meses del verano austral (de diciembre a marzo) el clima es .... y ....

En los meses de invierno (de abril a noviembre) el clima es ....

B. Vuelve a leer los textos y marca la opción correcta.

	Isla de Pascua	Glaciar Perito Moreno	Lago Titicaca
a. ¿Qué destino tiene un clima seco en invierno?			
b. ¿Dónde hay volcanes?			
c. ¿Qué destino tiene un clima lluvioso todo el año?			
d. ¿Dónde hay temperaturas calurosas?			
e. ¿Qué lugar tiene un clima tropical?			
f. ¿Dónde hay un clima lluvioso y húmedo?			

2 PAISAJES SUPERLATIVOS

1. A. Hay cuatro *maravillas españolas*. Relaciona la imagen con su explicación.

1. **Islas Cíes. Pontevedra (Galicia).** Son una de las islas más bonitas del océano Atlántico. Están formadas por tres islas. Desde 1980 son parque natural.

2. **Los lagos de Covadonga. Cangas de Onís (Asturias).** Están dentro del parque nacional de los Picos de Europa. Hay tres lagos.

3. **Parque natural Cabo de Gata-Níjar. Almería (Andalucía).** Es uno de los paisajes más secos de Europa de origen volcánico. Tiene las playas de mayor belleza del Mediterráneo.

4. **El Teide. Tenerife (islas Canarias).** Es el pico más alto de España con 3718 metros. Tiene un volcán. Es el tercer parque natural más antiguo de España. Este lugar está declarado patrimonio de la humanidad desde 2007.

B. ¿Cómo imaginas estos destinos en España? Utiliza estas palabras para describir su clima y geografía. Escribe dos frases para cada uno.

desértico | seco | tropical | plantas | caluroso | lluvioso | activo | caliente

a. *El clima del Teide es muy seco.*
b. ....
c. ....
d. ....
e. ....
f. ....
g. ....
h. ....

2. Completa las frases con los comparativos. Utiliza estos adjetivos, en la forma correcta, según corresponda.

grande | turístico | alto | largo | visitado | conocido

a. El Teide es .... el Moncayo. (+)
b. Las Islas Galápagos son .... las islas Canarias. (=)
c. El río Amazonas es .... el río Tajo. (+)
d. La playa de La Manga es .... la playa de Copacabana. (-)
e. El lago Titicaca es .... el lago Cocibolca. (=)
f. Palccoyo es .... los Alpes. (-)

3. Completa las frases con los superlativos. Utiliza estos adjetivos.

fría | seco | mayor | bonita | alto | menor

a. La playa de La Concha es .... del norte de España.
b. El parque nacional de Doñana es .... parque natural de Andalucía.
c. El desierto de Atacama es .... del planeta.
d. La ciudad de La Paz es .... de América Latina.
e. El pico de Orizaba es .... de México.
f. El Hierro es .... de las islas Canarias.

UNIDAD **10**   **¿TE GUSTA LA NATURALEZA?** | SECUENCIA **3**

1 LA CONCIENCIA MEDIOAMBIENTAL

1. A. Observa las imágenes y relaciónalas con el tipo de voluntariado correspondiente.

1. conservación de espacios naturales
2. reutilización de materiales desechables
3. limpieza de playas
4. recuperación de especies animales

B. Lee estos proyectos, complétalos y relaciónalos con un tipo de voluntariado del apartado anterior.

tareas | voluntario | ambiental | solidaria | asociación | paisajes | naturaleza | ecológico | playa | natural

a Tu ayuda es necesaria

Si vives en Pontevedra (Galicia) y eres una persona .... con ganas de cuidar el medio ambiente, ¡te estamos esperando!

La .... de La Lanzada es un refugio .... y un año más se pone en marcha este proyecto solidario de voluntariado de recogida de residuos: chapas, latas, botellas de plástico y bolsas.

Si tienes tiempo libre y más de 18 años, puedes participar como ....

¡El medio ambiente te necesita!
Más información en
www.lanzada-galicia@ong.org

b El medio ambiente es de todos

¿Te gusta estar en contacto con la ....?, ¿clasificas la basura y utilizas envases duraderos?, ¿tienes conciencia ecológica?

Pamplona empieza un nuevo proyecto solidario y .... muy interesante.

Si quieres ayudar y eres bueno en manualidades y bricolaje, tienes que venir a nuestra ....

Aquí nos ocupamos de dar una segunda vida a los envases desechables: botellas y tetrabriks.

Mira nuestra página web:
www.asotodos@pamplona.com

c Colabora con el planeta

¿Has reducido el consumo de carne de tu alimentación?, ¿comes de forma natural y equilibrada?, ¿haces deporte y utilizas el transporte público y la bicicleta para moverte?

La asociación Montaña limpia está buscando voluntarios para colaborar en los trabajos de mejora .... de los bosques y de los .... de los Pirineos catalanes.

El objetivo es mantener en buen estado la naturaleza y realizar .... de conservación.

¡Te esperamos en los Pirineos!
www.montaña.limpia@pirineos.es

a. ....   b. ....   c. ....

C. Lee de nuevo los textos y subraya las actividades de actitud ecológica.

D. ¿Qué tipo de voluntariado se corresponde con tus gustos? Escribe un texto explicándolo.

....
....
....

2 LOS RESIDUOS EN LA NATURALEZA

1. Subraya el intruso y relaciona las palabras con su tema.

a. ir en bicicleta, utilizar envases reciclados, tirar basura al suelo, utilizar envases duraderos

b. bolsa de plástico, bosques, latas, chapas

c. limpieza de montes, reciclaje de residuos, excursión a la montaña, limpieza de playas

d. no utilizar transportes públicos, reciclar, lavar el coche en el campo, utilizar envases desechables

e. cerámica, plástico, papel, vidrio

1. Actitudes no ecológicas
2. Tipos de voluntariado ambiental
3. Materiales reciclables
4. Actitudes ecológicas
5. Residuos en la naturaleza

3 RECICLA

1. Subraya el objeto directo (OD) y completa las frases con el pronombre correspondiente.

a. ● Ernesto, ¿vas a reciclar estos periódicos?
   ○ Sí, sí, ... voy a llevar al cubo de reciclaje.

b. ● ¿Qué hacemos con todas estas botellas de cristal, María?
   ○ .... reciclamos.

c. ● Sergio, ¿hago un voluntariado este verano?
   ○ Sí. .... debes hacer, es una oportunidad única.

d. ● Manuel, la campaña de concienciación ambiental es buena.
   ○ .... es, ... ha hecho Álex.

e. Me encantan los objetos hechos de material reciclado y .... hago en casa.

🎧 LABORATORIO DE FONÉTICA

Los diptongos

Trabaja tu pronunciación

El diptongo es una combinación de dos vocales que se pronuncian en una sola sílaba. Una de ellas es siempre *i (y)* o *u*.

Los diptongos con *i/y*

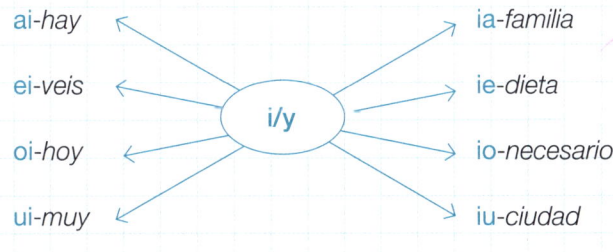

ai-hay   ia-familia
ei-veis   ie-dieta
oi-hoy   io-necesario
ui-muy   iu-ciudad

🔊 28 **1.** Hay cuatro palabras que no tienen diptongo. Márcalas. Luego, escucha y comprueba.

a. siesta   d. aire   g. caer
b. memoria e. paseo   h. leer
c. cereales f. aceite   i. gimnasio

2. ¿Puedes hacer tú otro esquema de los diptongos con la *u* con estas palabras?

huevo | causa | cuidado | agua | antiguo

u

3. • Si las vocales *i* o *u* llevan una tilde, entonces no hay diptongo y las vocales se pronuncian separadas.

proteína | país | fría

• Si las vocales *a, e, o* llevan una tilde, sí hay diptongo.

depresión | también

🔊 29 • Escucha las palabras y repítelas.

UNIDAD 10 | EXAMEN DELE

COMPRENSIÓN DE LECTURA

Lee el correo electrónico que Marcela ha escrito a su amiga Karin. A continuación, contesta a las preguntas. Selecciona la opción correcta (*a*, *b* o *c*).

Para: Karin
CC:
Asunto: Chile

Hola, Karin:

¿Qué tal estás? Hace mucho tiempo que no te escribo, pero estos últimos meses he estado muy ocupada y estresada en el trabajo, y además he tenido algunos problemas de salud. ¿Tú estás contenta con tu nueva vida en el campo?

En este momento, estoy preparando un viaje porque en diciembre tengo dos semanas de vacaciones y quiero viajar a Chile.

No sé si la mejor opción es la agencia Viajes de aventura para preparar las visitas y los hoteles u organizar el viaje yo sola, a través de Internet. No estoy muy segura, la verdad, y necesito tus consejos. Mi hermana me ha dicho que has vivido en Quillota, cerca de Valparaíso, durante dos años. ¿Puedes ayudarme?

Quiero visitar Santiago de Chile y Valparaíso, pero también deseo visitar el valle de la Luna, que es el mayor lugar turístico del desierto de Atacama y forma parte de la reserva nacional de Los Flamencos, y el parque nacional Conguillío, que es el parque más bonito de todo el país. En este parque hay un lago, un volcán y una planta protegida por los mapuches llamada araucaria. ¿Me aconsejas alguna visita más? En quince días creo que tengo tiempo para visitar estos cuatro lugares, ¿qué piensas tú?

He comprado el billete de avión para el ocho de diciembre y vuelvo el veintidós. No me gusta viajar en días festivos porque en los aeropuertos hay mucha gente, pero no tengo otra alternativa.

¿Qué te parece si voy al campo a visitarte y hablamos de mi viaje a Chile?

Espero tu respuesta.

Un beso,
Marcela

PREGUNTAS

1 Marcela ha escrito a Karin para:
a. invitarla a visitar Madrid.
b. hablarle de Chile.
c. pedirle consejo para su viaje.

2 En el texto se dice que Marcela:
a. no sabe cómo preparar su viaje a Chile.
b. tiene vacaciones en doce semanas.
c. tiene una agencia.

3 Según el texto, el valle de la Luna:
a. es el único lugar turístico de Chile.
b. está en el desierto de Atacama.
c. es un volcán dentro del parque.

4 Según el texto, Karin:
a. ha vivido en Madrid.
b. vive ahora en el campo.
c. ha vivido doce años en Quillota.

5 Marcela le propone a Karin:
a. viajar con ella a Chile.
b. visitarla en el campo.
c. hablar de todos los viajes.

COMPRENSIÓN AUDITIVA

Vas a escuchar siete anuncios de radio. Los anuncios se repiten dos veces. Lee las preguntas para cada anuncio y selecciona la opción correcta (*a*, *b* o *c*).

Ejemplo:

0. Según la audición:

   a. ser neorrural es una moda de hace siglos.
   b. muchos jóvenes son neorrurales.
   c. *la crisis actual ha impulsado a la gente joven a ir a vivir al campo.*

   La opción correcta es la c.

PREGUNTAS

1 La vida en el campo según la audición es:

   a. la peor opción de vida actual.
   b. un nuevo y alternativo estilo de vida rural.
   c. una opción, pero no la mejor.

2 Los productos del campo:

   a. tienen una calidad superior y un precio menos caro.
   b. son caros, pero de buena calidad.
   c. son caros, pero no muy buenos para salud.

3 La agencia Viajes de aventura propone viajes:

   a. a las maravillas naturales más importantes.
   b. solo a Argentina.
   c. a las maravillas de cuatro países de Hispanoamérica.

4 Según la audición, las Islas Galápagos:

   a. son patrimonio de la humanidad.
   b. pertenecen a Chile.
   c. están formadas por tres islas.

5 En este anuncio, se informa de una:

   a. maravilla natural española.
   b. playa pequeña.
   c. maravilla de otro país de Europa.

6 La agencia Viajes de aventura organiza:

   a. reservas de autobús.
   b. viajes de aventura en África.
   c. viajes a las maravillas naturales de España y América Latina.

ochenta y tres | **83**

UNIDAD 11 ¿HAS VIVIDO EN EL EXTRANJERO? | SECUENCIA 1

1 PRÁCTICAS LABORALES

1. A. Lee los textos y relaciónalos con los motivos para ir al extranjero.

1. hacer un máster | 2. hacer un voluntariado | 3. aprender idiomas
4. tener una experiencia profesional | 5. trabajar fuera | 6. viajar y conocer otros países

a. He terminado la carrera de Bellas Artes. Hablo español y francés, pero no sé hablar muy bien inglés. Quiero hacer un curso para mejorar mi nivel.

b. Estoy en el último año de Ingeniería Aeroespacial y en mi universidad es necesario hacer unas prácticas laborales en el extranjero de tres meses.

c. Me he graduado en Periodismo en la universidad de Granada. Ahora quiero tener otra titulación superior más. Las becas Erasmus son una buena oportunidad.

d. He terminado este año mis estudios universitarios, pero no voy a buscar trabajo. Quiero visitar otros lugares del mundo y practicar los idiomas que hablo.

e. Soy médico y durante mis vacaciones quiero hacer algo diferente este verano: quiero ayudar a personas con problemas de salud en países con pocos recursos.

f. Hemos terminado los estudios de Fisioterapia. Un amigo nos ha dicho que en Francia hay mucho trabajo en este sector y que no piden experiencia profesional.

B. ¿Y tú, qué motivos tienes (personales o profesionales) para ir al extranjero? Escríbelos.

....
....

2. A. Lee estos anuncios de prácticas laborales y complétalos con la palabra correspondiente.

empresa líder | currículum vítae | entrevista de trabajo | mercado laboral | prácticas laborales (x2)
carrera | intereses y objetivos profesionales | idiomas | máster

A&P Company

A&P Company es una .... mundial en el sector informático que busca incorporar futuros profesionales en su nueva sede de Madrid.

Si tienes la .... de Ingeniería Informática y has cursado el .... de Nuevas Tecnologías Informáticas, tu futuro profesional está con nosotros.

A&P Company ofrece una buena oportunidad para entrar en el .... No es necesario tener experiencia profesional, pero sí es imprescindible hablar dos ....

Te ayudamos a obtener unas .... remuneradas de 3 a 6 meses con posibilidad de conseguir un puesto fijo en la empresa.

Contacta con nosotros por teléfono (913456778) o por correo electrónico (a&p@company.com).

LYOCOM

LYOCOM ofrece .... de 2 meses en una de sus empresas de Bilbao a jóvenes universitarios en el último año de Comunicación y Relaciones Públicas como primera experiencia profesional.

Es necesario tener un buen expediente académico, nivel alto de inglés y unos .... claros en el mundo de la comunicación.

Los estudiantes interesados en realizar la .... deben enviar, por correo electrónico, su .... actualizado al responsable de RR. HH.
(*e-mail:* daniel.ruiz@lyocom.com).

B. Ahora, marca la opción correcta.

	A&P Company	LYOCOM
a. ¿Qué empresa busca estudiantes graduados?		
b. ¿En qué empresa las notas son importantes?		
c. ¿Qué empresa ofrece unas prácticas de menos tiempo?		
d. ¿Cuál de las dos empresas ofrece la posibilidad de un trabajo?		
e. ¿Qué empresa tiene dos opciones de contacto?		

C. Escribe un anuncio de prácticas para la empresa de telefonía Phonored. Utiliza esta información.

prácticas laborales | máster en Telecomunicaciones | 5 meses | inglés y alemán | currículum vítae | 300 euros

2 EXPERIENCIAS EN EL EXTRANJERO

1. Bruno, Clara y Martín van a hablar de su experiencia. Escucha y marca con un color diferente la información de cada uno.

Año de graduación: ☐ 2003 ☐ 2007 ☐ 2000 ☐ 2013
Grado en: ☐ Arquitectura ☐ Enfermería ☐ Derecho ☐ Literatura Española ☐ Medicina
¿Ha cursado un máster?: ☐ ☐ Sí ☐ No
¿Ha trabajado en el extranjero? ☐ ☐ Sí ☐ No
Profesión actual: ☐ enfermero/a ☐ estudiante ☐ abogado/a ☐ arquitecto/a
Ciudad de residencia: ☐ Helsinki ☐ Barcelona ☐ San Sebastián ☐ Edimburgo

Bruno   Clara   Martín

UNIDAD 11 ¿HAS VIVIDO EN EL EXTRANJERO? | SECUENCIA 2

1 ¿VIAJASTE POR TRABAJO?

1. A. Lee y completa los textos con los verbos en pretérito perfecto simple.

Ayer (volver, yo) .... de Praga. (Ir, yo) .... la semana pasada a un congreso con mis dos compañeros de trabajo, Rafael y Rosa. Después del congreso, (hacer, nosotros) .... un poco de turismo. (Visitar, nosotros) .... la ciudad y (estar, nosotros) .... en el castillo. (Comer, nosotros) .... un plato típico checo que (gustar, nosotros) .... mucho. ¡Praga es una ciudad fantástica!

Hace tres semanas (viajar, yo) .... a Buenos Aires por trabajo. Antes de viajar, (preparar, yo) .... las reuniones con los clientes, (escribir, yo) .... muchos correos e (hacer, yo) .... la programación de las visitas. (Reservar, yo) .... un hotel en el barrio de San Telmo. (Quedarse, yo) .... en Argentina cinco días. Además, (estar, yo) .... con unos amigos de La Plata y (ir, nosotros) .... a tomar mate y a comer asados. (Ser) .... una experiencia muy interesante.

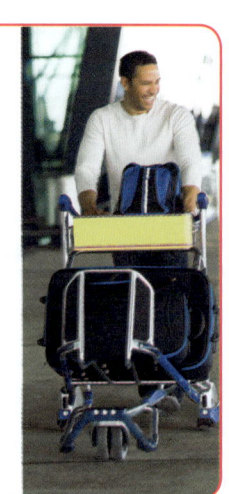

B. Completa con la conjugación de tres verbos regulares en pretérito perfecto simple del ejercicio anterior.

-ar	-er	-ir
–	–	–
–	–	–
–	–	–
–	–	–
–	–	–
–	–	–

C. Lee otra vez los textos. Subraya las formas verbales irregulares y completa la conjugación de estos tres verbos.

AYUDA
➲ Los verbos *ir* y *ser* tienen la misma forma en pretérito perfecto simple.

Ir	Estar	Hacer
–	–	–
–	–	–
–	–	–
–	–	–
–	–	–
–	–	–

2. Completa el crucigrama con los verbos conjugados en pretérito perfecto simple.

HORIZONTALES

A. 1.ª pers. sing. *viajar*
B. 1.ª pers. sing. *cantar*
C. 2.ª pers. sing. *beber*
D. 3.ª pers. pl. *comer*

VERTICALES

1. 2.ª pers. pl. *vivir*
2. 1.ª pers. sing. *hablar*
3. 3.ª pers. sing. *escribir*
4. 1.ª pers. sing. *bailar*

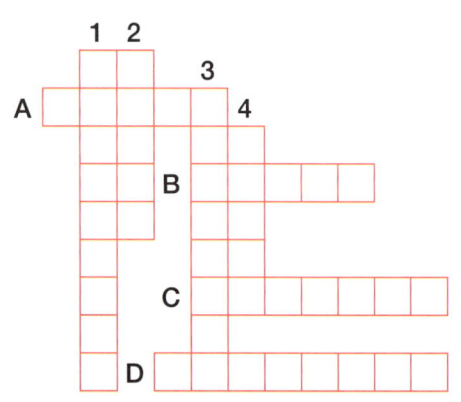

2 DIARIOS

1. Lee el texto de la página 129 del libro del alumno. Marca si son verdaderas o falsas estas afirmaciones.

	V	F
a. El diario personal tiene una única función.	☐	☐
b. Un diario es siempre una agenda de trabajo.	☐	☐
c. El diario personal puede tener dos formatos diferentes.	☐	☐
d. Solo es posible tener un diario con mensajes escritos y audios.	☐	☐
e. Los diarios digitales pueden tener carpetas con muchos archivos.	☐	☐

2. Lee estos fragmentos de diarios y complétalos con el tiempo del pasado adecuado. Después, subraya los marcadores temporales.

Ana María: Hoy (ir, yo) .... a comer con mis compañeros de trabajo. (Comer, nosotros) .... en un restaurante muy conocido de Pekín. Después de comer, (tener, nosotros) .... una reunión muy importante con nuestro jefe y unos clientes. Esta semana (llegar, yo) .... muy tarde a casa todos los días.

Miguel: Hace diez días (nacer) .... mi hijo Nicolás. Mi familia (llegar) .... el martes pasado de Barcelona para conocer al niño. Para celebrarlo (ir, nosotros) .... a comer a un restaurante cerca de la plaza principal.

Daniela: Esta mañana (hacer, yo) .... una entrevista de trabajo y esta tarde me (llamar, ellos) .... para decirme que empiezo a trabajar en un mes en Madrid. Esta semana, mi pareja, Paul, (hacer) .... entrevistas también y (conseguir) .... un trabajo en una empresa española en Madrid. ¡Estamos muy contentos!

3. ¿Cuándo hiciste/has hecho estas actividades? Escribe frases utilizando estos verbos y marcadores.

~~estudiar español~~ | ir a la playa | montar en bicicleta | comer chocolate
leer un libro | hacer un viaje | salir a bailar | enviar un mensaje

Pretérito perfecto compuesto	Pretérito perfecto simple
Hoy	Ayer
Esta mañana	Hace dos días
Esta tarde	La semana pasada
Esta semana	El fin de semana pasado
Este fin de semana	Hace tres meses
Este año	El año pasado
Nunca	El verano pasado
Siempre	En 2015

a. *Esta semana he estudiado español.*
b. ....
c. ....
d. ....
e. ....
f. ....
g. ....
h. ....

UNIDAD 11 ¿HAS VIVIDO EN EL EXTRANJERO? | SECUENCIA 3

1 TU PERFIL PROFESIONAL

1. A. Lee los textos y completa las tablas con la información correspondiente.

Eleonor

Me gradué en Química.
Tengo el carné de conducir desde 2011.
Hablo alemán e inglés muy bien.
He trabajado en Alemania siete años en una empresa farmacéutica.
Esta semana he empezado un nuevo trabajo en una empresa química de Barcelona.
Hace cinco años hice un máster en finanzas.
Me encanta el bádminton y la natación.

Jesús

Me gradué en Medicina hace seis años y empecé a trabajar en un hospital de Málaga.
Tengo un dominio muy bueno de los programas informáticos.
Mi nivel de inglés es excelente. Hablo también muy bien italiano porque hice unas prácticas en Milán después de terminar la carrera.
He vivido y he trabajado en Inglaterra cuatro años. Hace un mes empecé un nuevo trabajo en un hospital de Sevilla.
Juego al fútbol y voy al cine todos los fines de semana.

Formación	Experiencia profesional	Habilidades	Idiomas	Aficiones
—	—	—	—	—
—	—	—	—	—

B. Ahora, escribe un texto similar con tu perfil profesional.

Mi perfil profesional

2. A. Relaciona las preguntas con sus respuestas.

a. ¿Hablas idiomas?
b. ¿Has hecho un máster?
c. ¿Tienes el carné de conducir?
d. ¿En qué universidad has estudiado?
e. ¿Qué te gusta hacer en tu tiempo libre?
f. ¿Has hecho prácticas en el extranjero?
g. ¿Cuántos años has trabajado en la misma empresa?
h. ¿Dominas algún programa informático?
i. ¿Dónde trabajaste el año pasado?
j. ¿En qué año terminaste tus estudios universitarios?

1. Sí, en Dublín el año pasado.
2. Sí, hablo francés, italiano e inglés.
3. Me encanta escuchar música, leer y pasear.
4. Los acabé en 2016.
5. No, no tengo conocimientos informáticos.
6. El año pasado no trabajé.
7. He estudiado en la universidad de Murcia.
8. Sí, en Derecho Internacional.
9. No, no lo tengo.
10. He trabajado en A&P Company diez años.

B. Ahora, responde tú a las preguntas del ejercicio anterior.

a. ....
b. ....
c. ....
d. ....
e. ....
f. ....
g. ....
h. ....
i. ....
j. ....

2 TU LÍNEA DEL TIEMPO

1. A. Lee y ordena las frases de manera cronológica.

Laura

Andrés

- a. En el verano de 2012 conoció a Bruno.
- b. Hizo un máster en Arqueología de 2007 a 2008.
- c. Al año siguiente se fueron a vivir juntos.
- d. Se graduó en Geografía e Historia en 2007.
- e. Desde 2018 trabaja en la universidad de Santiago de Compostela.
- f. Durante el segundo año del doctorado estuvo nueve meses en París.
- g. Dos años después de terminar el máster empezó el doctorado en Madrid.

- a. Al año siguiente se fue a Italia dos años a trabajar como traductor.
- b. De 2017 a 2018 hizo un máster en Didáctica.
- c. Un año después de conocer a Chiara se fue a vivir a Madrid.
- d. En febrero de 2019 empezó un doctorado.
- e. Se graduó en Traducción en 2013.
- f. Hace tres meses que da clases de español en una escuela de Madrid.
- g. Conoció a Chiara durante su estancia en Italia.

B. Subraya las expresiones de tiempo del ejercicio anterior y escríbelas en la tabla adecuada.

indicar momento del pasado	relacionar hechos pasados	hablar de la duración

2. Completa las frases con la expresión de tiempo correspondiente.

desde hace | de... a | en | en… de | al… siguiente | durante | un… después | hace… que

- a. Lucas se doctoró en Historia .... 2012.
- b. .... la primavera .... 2017 Esther se casó con su novio.
- c. .... tres años, Sandra trabajó de periodista en Bilbao.
- d. .... mes .... de su graduación, Irene hizo prácticas en una empresa.
- e. Pilar hizo un máster en Biología .... 2018 .... 2019.
- f. .... año .... de empezar a trabajar, Gerardo perdió su trabajo.
- g. .... dos años y medio .... Isabel trabaja en una farmacia.
- h. Ángela vive en Singapur .... tres semanas.

UNIDAD 11 | EXAMEN DELE

COMPRENSIÓN DE LECTURA

Lee el correo electrónico que Sara ha escrito a su amiga Carla. A continuación, contesta a las preguntas. Selecciona la opción correcta (*a*, *b* o *c*).

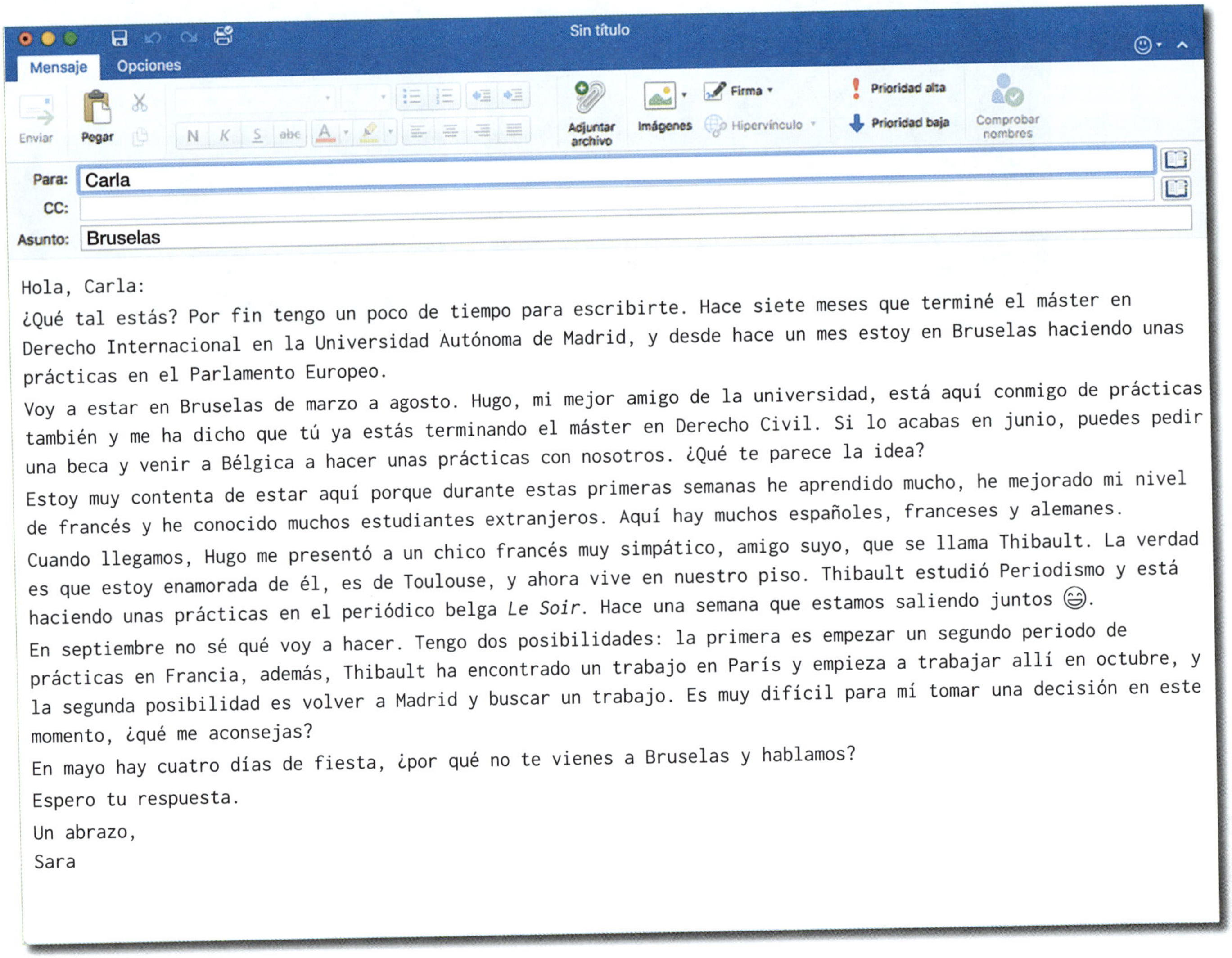

Para: Carla
CC:
Asunto: Bruselas

Hola, Carla:

¿Qué tal estás? Por fin tengo un poco de tiempo para escribirte. Hace siete meses que terminé el máster en Derecho Internacional en la Universidad Autónoma de Madrid, y desde hace un mes estoy en Bruselas haciendo unas prácticas en el Parlamento Europeo.

Voy a estar en Bruselas de marzo a agosto. Hugo, mi mejor amigo de la universidad, está aquí conmigo de prácticas también y me ha dicho que tú ya estás terminando el máster en Derecho Civil. Si lo acabas en junio, puedes pedir una beca y venir a Bélgica a hacer unas prácticas con nosotros. ¿Qué te parece la idea?

Estoy muy contenta de estar aquí porque durante estas primeras semanas he aprendido mucho, he mejorado mi nivel de francés y he conocido muchos estudiantes extranjeros. Aquí hay muchos españoles, franceses y alemanes.

Cuando llegamos, Hugo me presentó a un chico francés muy simpático, amigo suyo, que se llama Thibault. La verdad es que estoy enamorada de él, es de Toulouse, y ahora vive en nuestro piso. Thibault estudió Periodismo y está haciendo unas prácticas en el periódico belga *Le Soir*. Hace una semana que estamos saliendo juntos 😊.

En septiembre no sé qué voy a hacer. Tengo dos posibilidades: la primera es empezar un segundo periodo de prácticas en Francia, además, Thibault ha encontrado un trabajo en París y empieza a trabajar allí en octubre, y la segunda posibilidad es volver a Madrid y buscar un trabajo. Es muy difícil para mí tomar una decisión en este momento, ¿qué me aconsejas?

En mayo hay cuatro días de fiesta, ¿por qué no te vienes a Bruselas y hablamos?

Espero tu respuesta.

Un abrazo,
Sara

PREGUNTAS

1 Sara ha escrito a Carla para hablarle de:
   a. la ciudad de Bruselas.
   b. sus prácticas en Bélgica.
   c. su piso.

2 En el texto se dice que Hugo es:
   a. el novio de Sara.
   b. el mejor amigo de Sara.
   c. el novio de Carla.

3 Según el texto, Carla:
   a. no ha terminado el máster en Derecho Civil.
   b. va a ir a hacer unas prácticas a Bruselas.
   c. va a visitar a Sara.

4 Según el texto, Sara tiene que:
   a. tomar una decisión.
   b. hablar con Hugo.
   c. mejorar su nivel de francés.

5 Sara le pide a Carla:
   a. un consejo.
   b. una ayuda.
   c. un trabajo.

COMPRENSIÓN AUDITIVA

 Vas a escuchar siete mensajes, incluido el ejemplo. Cada mensaje se repite dos veces. Selecciona el enunciado (de la *a* a la *j*) que corresponde a cada mensaje. Hay diez enunciados, incluido el ejemplo. Selecciona seis.

Ejemplo:
0. La opción correcta es la letra b.

	ENUNCIADOS
a.	Muestra la situación de un porcentaje de españoles sin trabajo.
b.	Presenta una empresa que ofrece trabajo en el extranjero.
c.	Describe el proceso de negociación en España.
d.	El 73 % de españoles de entre 20 y 34 años no tiene trabajo.
e.	La negociación española es muy formal y rápida.
f.	Ha abierto una empresa nueva en el sector educativo.
g.	Presenta una empresa líder en educación.
h.	Explica las ventajas de vivir en el extranjero.
i.	Presenta una empresa que ofrece trabajo en España.
j.	Explica las formas para saludar.

Mensajes	Enunciado
0.	b
1.	
2.	
3.	
4.	
5.	
6.	

UNIDAD 12 ¿NOS VAMOS DE EXCURSIÓN? | SECUENCIA 1

1 LOS ALIMENTOS DE UNA EXCURSIÓN

1. Clasifica estos alimentos. Hay varias posibilidades.

frutos secos | aceitunas | huevos | embutidos | pan

| energía | fibra | proteínas | vitaminas |

2. En una web de viajes estas personas explican la excursión que van a hacer. Lee los textos y escribe frases para dar recomendaciones. Utiliza estas estructuras.

es bueno | es conveniente | es una buena idea | es práctico/recomendable/importante
+ infinitivo

a Mis amigos y yo vamos a hacer una ruta de dos días en un parque natural. Vamos a caminar unos 20 kilómetros cada día. Tenemos que llevar mochila 😞. Jaime tiene alergia a los pistachos y Sofía es celiaca. ¿Qué alimentos nos recomiendas llevar?
— Marisol

b Voy a pasar el día en la playa con un amigo. Vamos a hacer esquí acuático y vela. ¡Nos gusta mucho el mar! 😊 Bruno no puede tomar productos lácteos y yo tengo alergia al chocolate. ¿Alguna recomendación de alimentos para la excursión?
— Blanca

c Una amiga y yo vamos a hacer montañismo en los Alpes el fin de semana. ¡Nos encanta ir a la montaña! 😊😊
A Soraya no le gustan las frutas y yo soy vegetariana. ¿Qué alimentos podemos llevar?
— Camila

a. ....
b. ....
c. ....

2 ALIMENTOS VIAJEROS

1. A. Lee y completa los textos con el verbo correspondiente en pretérito perfecto simple.

expandir | cultivarse | empezar | llamar | ser | llegar | gustar

a Originario de América Latina, de Brasil, desde su llegada .... mucho en Europa. Los indígenas la .... *fruta excelente*. Tiene propiedades diuréticas y antiinflamatorias. Además, tiene muchas vitaminas y minerales.

b Su origen es del siglo III a. C. .... a cultivarse en Sri Lanka. Este producto .... tan apreciado como el oro. Tiene propiedades digestivas y medicinales. Se utiliza en platos orientales, postres, helados…

c Planta prehistórica originaria de Perú. Los incas la .... a todo el continente suramericano. .... a Europa y a África con los españoles. En Valencia .... a finales del siglo XVIII.

B. Lee de nuevo los textos y relaciónalos con el alimento correspondiente.

 1 ○  2 ○  3 ○

3 OTROS ALIMENTOS CON HISTORIA

1. A. Lee este texto sobre la historia de la vainilla y subraya de diferente color los verbos en pretérito perfecto simple según su terminación: *-ar*, *-er*, *-ir*.

LA HISTORIA DE LA VAINILLA Y LOS TOTONACAS

La vainilla apareció entre los años 1427 y 1440 en México.

El pueblo totonaco fue el primero en utilizar esta especia, que fue muy importante en sus vidas. La utilizaron en el comercio, en rituales y en su alimentación. Los aztecas dominaron al pueblo totonaco y le obligaron a darle como impuesto la vainilla.

Los españoles la descubrieron y la trajeron a Europa en el siglo XV. Los franceses e ingleses hicieron de la vainilla un producto esencial en perfumería y gastronomía.

Los totonacas se dedicaron a producir vainilla para exportarla a Europa. Durante tres siglos el pueblo totonaca fue el único productor, y en el siglo XIX la vainilla tuvo su época de oro, que terminó por diversas causas.

En el siglo XX otros países como Haití, Indonesia y Madagascar se convirtieron en productores, y México dejó de ser el principal productor mundial.

Ahora la vainilla es muy popular en el mundo, tanto por su sabor como por su aroma. Es la especia más cara después del azafrán.

B. Ahora, elige un verbo de cada grupo y conjúgalo en pretérito perfecto simple.

-ar	-er	-ir
—	—	—
—	—	—
—	—	—
—	—	—
—	—	—
—	—	—

C. Conjuga en pretérito perfecto simple estos verbos irregulares.

traer	ser	tener
—	—	—
—	—	—
—	—	—
—	—	—
—	—	—
—	—	—

D. Lee el texto otra vez y marca si son verdaderas o falsas estas afirmaciones.

	V	F
a. La vainilla apareció en el siglo XIV.	☐	☐
b. Los totonacas utilizaron la vainilla para cuatro cosas.	☐	☐
c. La vainilla llegó a Europa en el siglo XV.	☐	☐
d. La época de oro de la vainilla mexicana fue en el siglo XX.	☐	☐
e. En el siglo XX otros países empezaron a producir vainilla.	☐	☐

UNIDAD 12 ¿NOS VAMOS DE EXCURSIÓN? | SECUENCIA 2

1 ¿QUÉ LLEVAMOS EN LA MOCHILA?

1. A. Completa el crucigrama.

VERTICAL

1. La utilizamos para secarnos.
2. Las usamos para caminar en la montaña.
3. Lo podemos usar para llevar medicinas.

HORIZONTAL

A. Lo podemos poner en la cabeza cuando hace sol.
B. La podemos usar para dar luz.
C. Lo necesitamos para lavarnos.

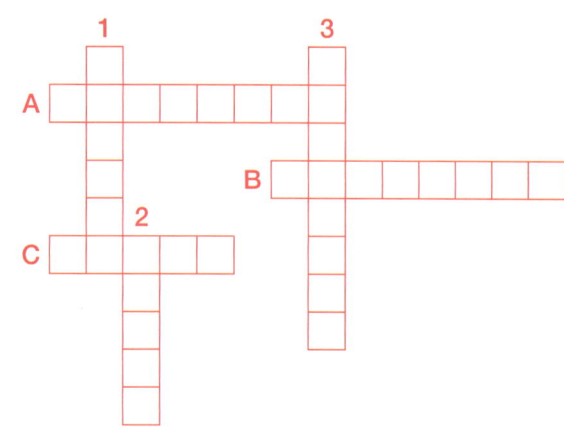

B. Observa las imágenes. Escribe tres objetos para cada excursión y frases para justificar tu elección.

a. ....
b. ....
c. ....

2 TENEMOS QUE COMPARTIR

1. Tres amigas van a ir a un *camping*. Lee el diálogo y complétalo con los pronombres posesivos correspondientes. Después, completa la tabla.

- Emma, ¿qué quieres que lleve para ir al *camping*?, ¿qué vas a llevar tú?
- Pues, no sé, la verdad. No he tenido tiempo para organizar nada, lo siento.
- ¿Puedes llevar dos sacos de dormir? Los .... se los presté a Natalia, y el botiquín no sé dónde está, Amaia me ha dicho que va a llevar el ...., pero yo prefiero que lleves el ....
- Vale, perfecto, llevo el .... ¿Y llevamos linternas?
- Sí, David tiene la .... en casa de mis padres en el campo, pero yo tengo la .... en mi casa y la puedo llevar.
- ¡Genial, mil gracias! Hum… necesito también un sombrero, el .... no lo encuentro, ¿me puede dejar Marcelo el ....?
- Sí, sí, claro.
- ¿Amaia y tú tenéis las cámaras de fotos acuáticas preparadas? Vamos a hacer *windsurf* y ¡tenemos que hacer fotos!
- Sí, las .... están preparadas.
- Bueno, mañana hablamos y seguimos organizando todo.
- Me parece buena idea, ¡hasta mañana!

	Singular		Plural	
masculino	femenino	masculino	femenino
—	—	—	—
—	—	—	—
—	—	—	—
—	—	—	—
—	—	—	—

3 ¿TIENES TODO LO QUE NECESITAS?

1. Lee el texto y subraya con colores diferentes los pronombres de objeto directo (OD) y de objeto indirecto (OI).

Consumo inteligente: compras de segunda mano

Se ha puesto muy de moda la compra y venta de artículos de segunda mano en plataformas digitales y aplicaciones móviles. Las ventas *on-line* en Wallapop, Vibbo y Segundalia tienen mucho éxito. ¿Las conoces?, ¿te parecen una buena manera de realizar un consumo inteligente?, ¿por qué a muchas personas les encanta comprar cosas de segunda mano?, ¿a ti te gusta comprar de esta manera?

La empresa española Wallapop es la más famosa de las tres. Nació en 2013 con el deseo de dar una segunda vida a los objetos. Wallapop nos permite realizar ventas a través de una aplicación móvil y un chat instantáneo. Los que venden no pagan y esto es lo más interesante.

¿Os animáis a probar esta plataforma?

2. Subraya los pronombres de OD y de OI y escribe a quién se refieren.

a. ● ¿Quién tiene mi saco de dormir?
 ○ Se lo he dado a Marcos. ....

b. ● Arturo, ¿puedes llevar tú la linterna?
 ○ No, no, la lleva Daniel. ....

c. Valeria le pide a su amiga el jabón para ducharse. ....

d. ● ¿Quién me deja un mapa para la excursión?
 ○ Te lo puede dejar mi amigo Simón. ....

e. ● ¿Os llevo el botiquín en mi mochila?
 ○ No, lo llevamos nosotros. ....

f. ● ¿Quién os lleva al *camping* mañana?
 ○ Creo que nos lleva mi hermano Ricardo. ....

g. Les dejamos a Víctor y a Jorge nuestra crema solar. ....

UNIDAD 12 | ¿NOS VAMOS DE EXCURSIÓN? | SECUENCIA 3

1 EXCURSIONES DE AVENTURA

1. Observa las imágenes y relaciónalas con la expresión correspondiente.

1. nadar con animales | 2. pescar en el mar | 3. conducir una moto
4. bañarse en el río | 5. subir una montaña | 6. hacer una cabaña

2 SUPERVIVIENTE

1. A. Completa el cuestionario del nuevo programa de *Superviviente II*.

SUPERVIVIENTE II

El programa selecciona candidatos para participar en la nueva edición

Nombre y apellido: ....

Edad: ....   Sexo: H ☐   M ☐

1. ¿Has estado ya en la selva? Sí ☐ No ☐
2. ¿Has estado en un bosque? Sí ☐ No ☐
3. ¿Sabes orientarte? Sí ☐ No ☐
4. ¿Haces deporte? Sí ☐ No ☐
5. ¿Has comido alguna vez gusanos? Sí ☐ No ☐
6. ¿Sabes bucear? Sí ☐ No ☐
7. ¿Sabes cocinar el arroz? Sí ☐ No ☐
8. ¿Has dormido alguna vez en una cueva? Sí ☐ No ☐
9. ¿Has pescado alguna vez? Sí ☐ No ☐
10. ¿Has hecho alguna vez deportes de riesgo? Sí ☐ No ☐

B. Escribe otras preguntas para el cuestionario. Utiliza estas expresiones.

estar en una isla desierta | nadar en el océano | pasar 24 horas sin comer
abrir un coco | hacer fuego | comer pescado crudo

a. .... d. ....
b. .... e. ....
c. .... f. ....

C. Lee estos textos y decide si estas personas pueden o no participar en *Superviviente II*. Justifica tus respuestas escribiendo frases.

Ulises

Tengo 57 años. Vivo en un pueblo en la montaña. Soy monitor de escalada y tengo muy buena orientación. Hago mucho deporte, corro todos los días de 15 a 20 kilómetros. Estoy en forma.
Me encanta ir a la playa, pero no sé nadar y nunca he pescado, pero creo que es fácil y puedo aprender 😁.

Sí ☐   No ☐
Justificación: ....
....

Alicia

Soy una chica muy activa y un poco tímida. Tengo 37 años. En mi vida es muy importante el deporte y la aventura. Muchos fines de semana hago viajes al extranjero o excursiones a la playa o a la montaña con mi novio. Voy al gimnasio dos veces a la semana. No me gusta el arroz, pero me encanta el pescado y bañarme en la playa. No tengo miedo a los insectos.

Sí ☐   No ☐
Justificación: ....
....

Óscar

Tengo 39 años y soy muy aventurero. He viajado a más de 75 países en los cinco continentes.
Soy una persona extrovertida y dinámica. Me gusta hablar con la gente.
Como todo tipo de comidas y sé cocinar muy bien, hace algunos años trabajé en un restaurante. Tengo un poco de vértigo y miedo a las arañas.

Sí ☐   No ☐
Justificación: ....
....

2. Escribe la pregunta que corresponde a cada respuesta, como en el ejemplo.

a. *¿Qué día llegaste?*
b. ....
c. ....
d. ....
e. ....
f. ....

1. Llegué el 20 de abril.
2. Visité iglesias, castillos, museos…
3. Fui a Bulgaria y a Rumanía.
4. Fui en avión.
5. Estuve en tres países.
6. Porque son países muy interesantes.

3. Completa las frases con el verbo en pretérito perfecto simple.

a. Maya no (poder) .... presentarse a *Superviviente*.
b. Nosotros (estar) .... en una isla desierta del Pacífico.
c. En *Superviviente*, los concursantes (hacer) .... fuego.
d. Fidel (volver) .... muy delgado de la isla.
e. Estar en *Superviviente* (ser) .... una experiencia extraordinaria.
f. Héctor (venir) .... a mi casa para hablar de su viaje.

COMPRENSIÓN DE LECTURA

Lee el correo electrónico que Rebeca ha escrito a su amigo Fidel. A continuación, contesta a las preguntas. Selecciona la opción correcta (*a*, *b* o *c*).

Para: Fidel
CC:
Asunto: ¿Me ayudas?

Hola, Fidel:

¿Qué tal estás? ¡Felicidades por el premio!, ¡eres el mejor superviviente! Vi todos los programas y fuiste el mejor concursante de todos 😄😄.

Te escribo porque tengo que darte una buena noticia. Hace unos meses envié la solicitud para participar en el nuevo programa de *Superviviente*, y no te lo vas a creer, pero me han seleccionado como concursante. Hice el *casting* el miércoles pasado, y ayer me llamaron de la tele para decirme que soy uno de los 16 concursantes, ¡estoy muy contenta, la verdad!

Los organizadores del concurso me dijeron que tengo que prepararme física y mentalmente porque este año va a ser más difícil.

El año pasado estuvisteis en Tailandia, en la isla de Ko Lanta, pero este año vamos a estar en América del Sur, en Honduras, en unas islas llamadas los Cayos Cochinos. He visto fotografías y son unas islas preciosas. Tengo muchas ganas de ir porque va a ser una experiencia increíble, pero ¡ay!, estoy un poco nerviosa porque no sé pescar ni hacer fuego y además mi orientación no es muy buena y no me gusta mucho el coco... ¿crees que puedo ser una buena concursante?

Yo creo que tengo muchas posibilidades de ganar porque sé nadar muy bien, estoy en forma y soy una persona muy divertida y extrovertida.

Tú tienes mucha experiencia porque eres el ganador y ahora necesito tu ayuda y tus consejos para prepararme. Si quieres, el sábado podemos vernos, ¿puedo pasar por tu casa a las cinco y hablamos?

Espero tu respuesta.

Un abrazo,
Rebeca

PREGUNTAS

1 Rebeca ha escrito a Fidel para:
  a. informarle de algo.
  b. darle una mala noticia.
  c. explicarle un problema personal.

2 En el texto se dice que Rebeca es una:
  a. compañera de clase de Fidel.
  b. concursante de un programa.
  c. organizadora del programa.

3 Según el texto, Fidel:
  a. estuvo en los Cayos Cochinos.
  b. fue el ganador del programa anterior.
  c. comió coco el año pasado.

4 Según el texto, Rebeca no sabe:
  a. hacer fuego, pescar y nadar.
  b. pescar, nadar y abrir cocos.
  c. pescar, hacer fuego y orientarse.

5 Rebeca le pide a Fidel:
  a. una cita para hablar.
  b. una guía de viajes de Honduras.
  c. ayuda para ir a Ko Lanta.

EXPRESIÓN E INTERACCIÓN ESCRITAS

Has recibido un correo de una amiga que te pregunta por el fin de semana.

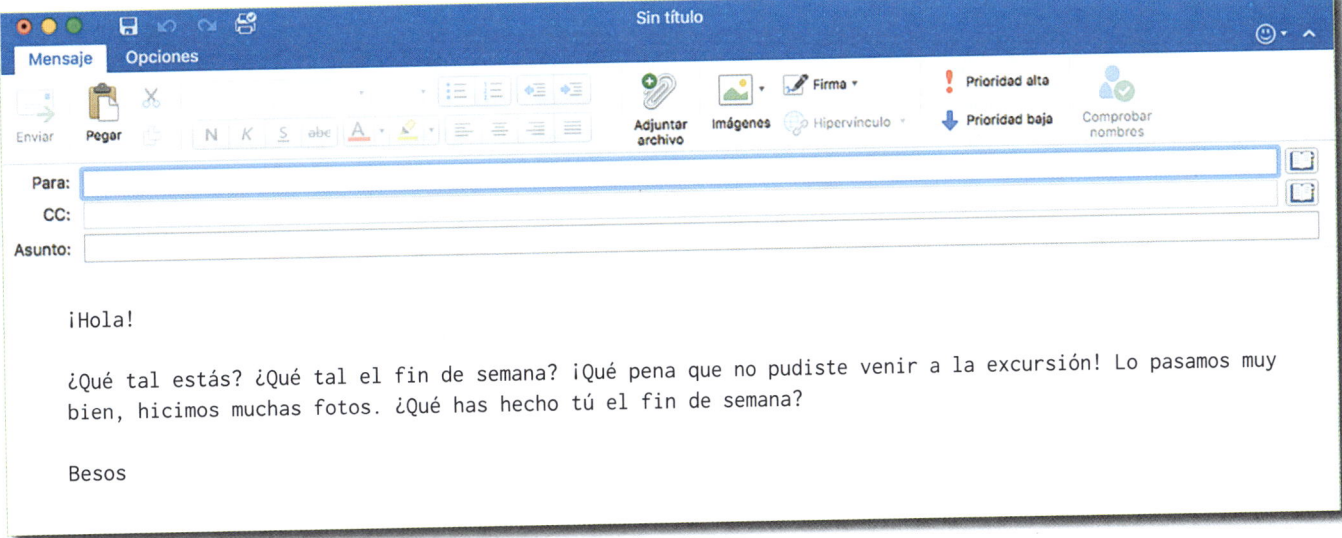

```
¡Hola!

¿Qué tal estás? ¿Qué tal el fin de semana? ¡Qué pena que no pudiste venir a la excursión! Lo pasamos muy bien, hicimos muchas fotos. ¿Qué has hecho tú el fin de semana?

Besos
```

Escribe un correo a tu amiga. En él tienes que:

- Saludar.

- Explicar por qué no fuiste ir a la excursión.

- Contar qué hiciste.

- Proponer una actividad para hacer juntos.

- Despedirte.

Número de palabras: entre 60 y 70.

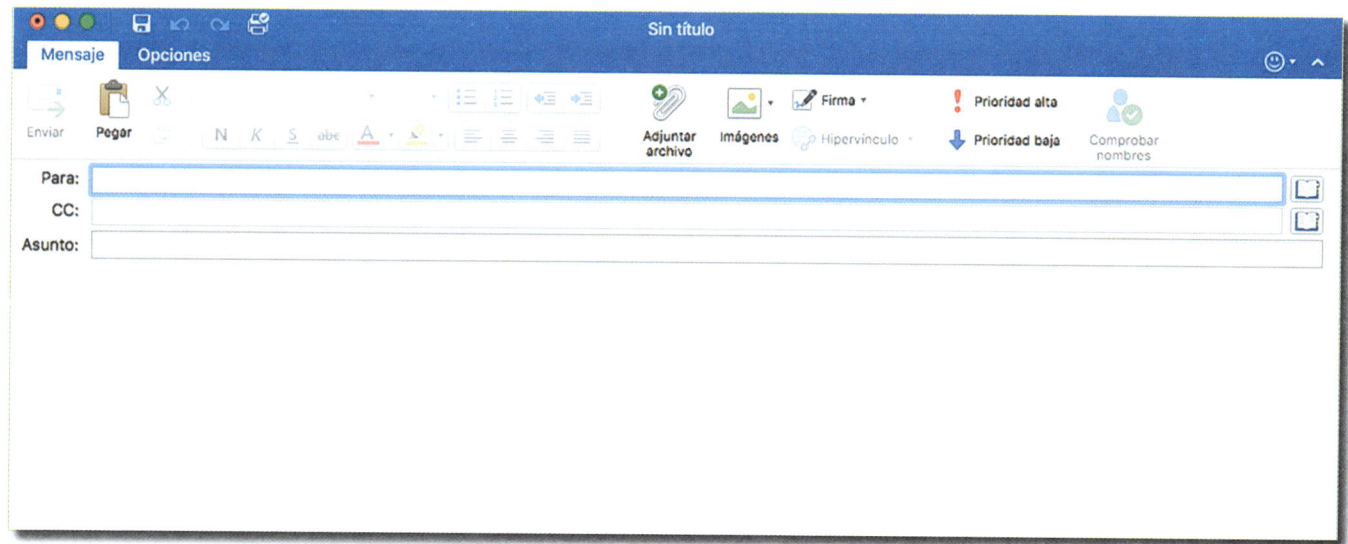

UNIDAD **13**   ¿CÓMO HA CAMBIADO TU VIDA? | SECUENCIA **1**

1 TAREAS DOMÉSTICAS

1. A. Observa las imágenes y relaciónalas con la opción correspondiente.

1. hacer la cama | 2. pasar el aspirador | 3. barrer el suelo | 4. tender la ropa | 5. fregar el suelo | 6. planchar la ropa

a

b

c

d

e

f

B. ¿A ti te gusta hacer estas tareas domésticas? Escribe frases y da tu opinión. Utiliza estas expresiones: *me encanta… / (no) me gusta… / no me importa… / (yo) odio… / no me gusta nada*

a. .... d. ....
b. .... e. ....
c. .... f. ....

2. Lee los textos de estas personas que comparten piso y complétalos con las tareas y con las expresiones correspondientes para expresar gustos.

Me gusta / Me encanta   🙂 / 😊
No me importa   😐
No me gusta   🙁
No me gusta nada / Odio   😟😟

1. tirar la basura
2. hacer la compra
3. lavar los platos
4. poner la lavadora
5. pasar la aspiradora
6. barrer el suelo
7. planchar la ropa
8. cocinar

Vivo con mi amiga Laura, y no tengo mucho tiempo para hacer las tareas domésticas del piso.

Tengo alergia a los ácaros y tenemos que limpiar a menudo. (😟😟) ....

() ...., pero (😐) .... ( ) ....

.... y (😊) ....

( ) .... para todos, preparo platos muy buenos y (🙂) .... () ....

No me gusta hacer las tareas domésticas, pero como vivo con un amigo tenemos que organizarnos.

(🙁) .... (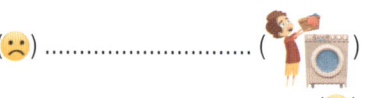)

........................, pero (😐) ....

( ) ....

Además, (🙂) .... ( )

.... y (😊) .... ()

....

2 AMOS DE CASA

1. En la revista *Cambiar de vida* hay dos historias de amos de casa. Lee, subraya los aspectos positivos y rodea los negativos de este cambio de vida.

Mi situación es nueva

Actualmente no trabajo porque he decidido dedicarme a la casa y a mis dos hijos pequeños.

Antes era informático y tenía unos horarios incompatibles con mi vida familiar. Salía del trabajo a las 21:00 y llegaba a casa a las 22:00, no tenía tiempo para ver a mis hijos. Hoy mi vida es mucho más relajada, puedo hacer el mismo trabajo que cuando iba a la empresa, pero desde casa. Antes veía a mis clientes y compañeros, pero ahora no.

Momento de adaptación

En la actualidad no trabajo y es difícil para mí esta situación. Antes trabajaba en una empresa química.

En aquel tiempo vivía con mucho estrés porque viajaba todas las semanas a Berlín. Me gustaba mucho mi trabajo, pero también quería pasar más tiempo con mi pareja y mi hija.

Hoy estoy en casa y me ocupo de mi hija porque mi mujer trabaja todo el día. Ahora estoy mucho más tranquilo y no tengo estrés.

3 ANTES Y AHORA

1. Lee de nuevo los textos anteriores. Subraya las expresiones de tiempo y los verbos en pretérito imperfecto. Después, conjuga un verbo de cada terminación.

-ar	-er	-ir

2. Relaciona y forma frases, conjuga los verbos en presente o pretérito imperfecto según corresponda.

a. Cuando (vivir, ellos) .... en Francia,

b. Cuando Darío (ir) .... a la universidad,

c. En aquella época, (ver, tú) ....

d. Cuando Raúl (ser) .... pequeño,

e. Antes mis amigos y yo (salir) ....

f. En aquellos tiempos, mis padres (querer) ....

1. (comer, él) .... mucha carne, ahora (ser, él) .... vegetariano.

2. (estudiar, él) .... en la biblioteca. Hoy (estudiar, él) .... en casa.

3. comprar una casa en la playa. Les (gustar) .... Valencia.

4. (trabajar, ellos) .... en Correos.

5. todas las noches. Ahora solo (salir, nosotros) .... los sábados.

6. mucho a tus amigos. Ahora (contactar, tú) .... con ellos por Facebook.

UNIDAD 13 | ¿CÓMO HA CAMBIADO TU VIDA? | SECUENCIA 2

1 VUELVEN LOS MERCADOS

1. Lee la información de este blog. Después, marca la respuesta correcta.

LOS MERCADOS
Miércoles, 20 de mayo 2019

El Mercado de San José, conocido como **La Boquería**, es el mercado más grande, céntrico y famoso de Cataluña. Está en La Rambla y es muy visitado por los turistas.

Inaugurado en 1840 en Barcelona.

Horario: de lunes a sábados de 8:00 a 20:30.

El **Mercado de San Miguel** de Madrid es un edificio histórico muy importante a nivel internacional.

Inaugurado en 1916 como mercado de frutas y verduras, desde 2009 es un mercado gastronómico.

Está en la plaza de San Miguel, al lado de la plaza Mayor.

Horario: de lunes a jueves y domingos de 10:00 a 24:00. Viernes y sábados de 10:00 a 01:00.

El **Mercado de Colón** de Valencia está en el barrio del Ensanche. Es un edificio de arquitectura modernista declarado monumento nacional. Inaugurado en 1916.

Ofrece la mayor oferta gastronómica del centro de Valencia.

Horario: de sábado a jueves de 7:30 a 2:00 y viernes de 7:30 a 3:00.

El **Mercado de San Telmo** está en el barrio de San Telmo en la ciudad de Buenos Aires, Argentina. Es un lugar muy turístico. Inaugurado en 1897. Podemos comprar alimentos y muebles.

Horario: de martes a viernes de 10:30 a 19:30. Sábados y domingos de 9:00 a 20:00.

	La Boquería	San Miguel	Colón	San Telmo
a. ¿Qué mercado es más antiguo?				
b. ¿Qué mercado tiene el edificio más modernista?				
c. ¿Qué mercado cierra más tarde?				
d. ¿Qué mercados se han inaugurado el mismo año?				
e. ¿Dónde se pueden comprar alimentos y muebles?				
f. ¿Qué mercado abre más temprano?				
g. ¿Qué mercado cierra más temprano los sábados?				

2. Escribe las ventajas de comprar en el mercado. Utiliza estas palabras.

ayudar | hablar | bolsas | nuevos productos | calidad | natural | precio | trabajo | consumo local | fresco | ofertas

a. *Ayudas a la población local.*
b. ....
c. ....
d. ....
e. ....
f. ....

2 HOY VOY AL MERCADO

1. Relaciona cada tienda con los alimentos que se pueden comprar.

a. carnicería
b. frutería
c. pescadería
d. charcutería

1. chorizo, salchichón, jamón y queso
2. atún, merluza, gambas y calamares
3. pollo, ternera, cordero y cerdo
4. fresas, manzanas, melocotones y naranjas

2. Lee la lista de la compra de Manuela y de una amiga. Completa con el nombre de los alimentos.

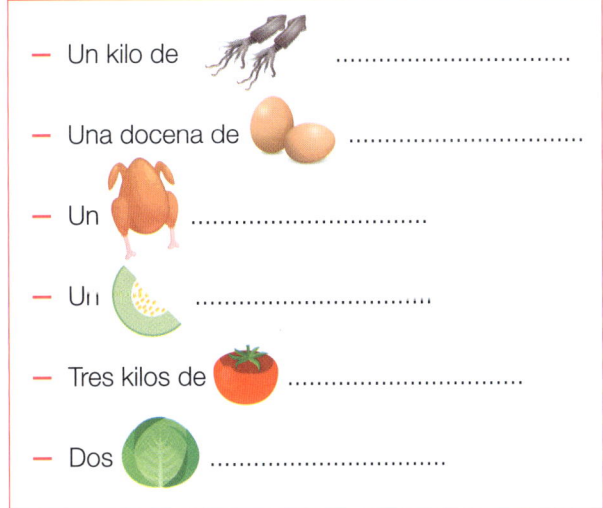

— Un kilo de ....
— Una docena de ....
— Un ....
— Un ....
— Tres kilos de ....
— Dos ....

Manuela

— Un kilo y medio de ....
— 300 gramos de ....
— Un kilo de ....
— Medio kilo de ....
— 300 gramos de ....
— Un kilo de ....

Macarena

Nota: 500 g = medio kilo

UNIDAD 13 · ¿CÓMO HA CAMBIADO TU VIDA? | SECUENCIA 3

1 CAMBIAR DE VIDA

1. A. La revista *Cambiar de vida* ha publicado esta entrevista. Léela y complétala con los verbos en presente o en pretérito imperfecto.

CREE EN TI... SIEMPRE
Elena, actriz

a. *¿A qué se dedica?*
Soy actriz y (estar) .... trabajando en un proyecto muy interesante con un director de cine español muy importante. Ya he trabajado en algunas series españolas de mucho éxito, pero ahora (estar, nosotros) .... preparando una película. ¡Es mi primera película! (Tener) .... el papel protagonista y (estar) .... contenta, pero muy, muy nerviosa también.

b. *¿Cómo era su vida antes?*
Uf, (ser) .... muy tranquila. (Estudiar) .... en la universidad Arte Dramático y por las tardes (ir) .... a un teatro donde (aprender) .... técnicas teatrales, también (hacer) .... teatro de improvisación una vez al mes, ¡este tipo de teatro es muy difícil!, pero (gustar) .... mucho. Cuando (tener) .... tiempo, (quedar) .... con mis amigos para ir al cine. Con 22 años, (estar) .... estudiando el último año de carrera y (soñar) .... con salir en la televisión.

c. *¿Cómo es su vida ahora?*
Ahora, con 33 años, mi vida (ser) .... muy diferente. No (tener) .... mucho tiempo para estar con mi familia, mi novio y mis amigos. (Vivir) .... sola en Madrid, antes (vivir) .... en Santiago de Compostela y (compartir) .... piso con dos actrices que (trabajar) .... conmigo. (Pasar) .... mucho tiempo en los estudios de grabación. (Tener) .... unos horarios muy complicados. (Salir) .... de casa a las 9:00 y no (volver) .... hasta las 24:00. Siempre (estar) .... muy cansada, pero (gustar) .... mucho mi trabajo.

d. *¿Está contenta con el cambio?, ¿por qué?*
Sí, sí, (estar) .... muy feliz. Cuando (ser) .... pequeña, con 10 años, (ser) .... muy tímida, ¡he cambiado mucho! Además, ahora soy mejor actriz que antes. Hoy (ser) .... famosa en España, pero (esperar) .... hacer muchas más películas y un día poder trabajar en Hollywood. (Pensar, yo) .... que lo más importante es creer en uno mismo para triunfar en la vida 😊.

B. Lee de nuevo la entrevista y subraya las referencias temporales.

C. Lee la información de Gabriel y escribe un texto similar al anterior. Conjuga los verbos en presente o en pretérito imperfecto.

EL SECRETO ESTÁ EN SOÑAR

a. *¿A qué se dedica?* (Ser) .... músico en una orquesta internacional de Berlín, (dar) .... conciertos y (tocar) .... el saxofón.

b. *¿Cómo era su vida antes?* (Ser) .... tranquila, (vivir) .... en Soria, (estudiar) .... en el conservatorio, (aprender) .... alemán, (salir) .... con mis amigos, (ir) .... al cine...

c. *¿Cómo es su vida ahora?* (Viajar) .... mucho por Europa, (ensayar) .... para los conciertos y no (ver) .... a mi familia y amigos.

d. *¿Está contento con el cambio?, ¿por qué?* Sí, (hacer) .... lo que me gusta, (conocer) .... músicos y (disfrutar) .... en mi trabajo.

2 LA VIDA DE AGUSTINA

1. Observa las imágenes de la vida de Jimena y ordénalas cronológicamente. Después, escribe frases en presente o en pretérito perfecto simple.

casarse | graduarse | ~~ser~~ | comprar | pintar | tener | viajar | trabajar

a Ahora, de mayor, con 67 años…

b Cuando tenía 34 años…

c A los 7 años…

d Cuando tenía 27 años…

e A los 37…

f Cuando era pequeña… (1)

g Cuando tenía 30 años…

h A los 21…

1. *Cuando era pequeña, era rubia.*
2. ....
3. ....
4. ....
5. ....
6. ....
7. ....
8. ....

2. Completa las frases con presente, pretérito perfecto simple o imperfecto.

a. Con 22 años, Julia y Pedro (viajar) .... a París.

b. Ahora, de mayor, con 72 años mi madre (ocuparse) .... de mis hijos.

c. Con 39 años, (divorciarse, yo) .... de mi marido.

d. Ahora, con 52 años, (vivir) .... en Murcia.

e. Cuando Rubén (tener) .... 5 años, (ser) .... muy hablador y extrovertido.

f. Cuando mis padres (tener) .... 30 años, (nacer) .... yo.

3. Tres personas hablan sobre su infancia. Escucha y marca con un color diferente la información del pasado de cada uno.

(audio 33)

Edad: ☐ 40 ☐ 27 ☐ 52 ☐ 62

Color de pelo: ☐ pelirrojo/a ☐ rubio/a ☐ moreno/a ☐ castaño/a

Carácter: ☐ activo/a y sociable ☐ alegre y simpático/a ☐ tímido/a e introvertido/a ☐ alegre

Comida preferida: ☐ salmón con verduras ☐ paella ☐ carne con patatas ☐ pollo con patatas

Actividades: ☐ leer ☐ atletismo ☐ pintar ☐ dibujar

Noemí   Matías   Estela

UNIDAD 13 | EXAMEN DELE

COMPRENSIÓN DE LECTURA

Lee el correo electrónico que Paula ha escrito a su amiga Irene. A continuación, contesta a las preguntas. Selecciona la opción correcta (*a*, *b* o *c*).

Para: Irene
CC:
Asunto: ¡Cuánto tiempo!

Hola, Irene:

¿Qué tal estás?, ¡ha pasado tanto tiempo! Hace más de cuatro años que no tengo noticias tuyas. No he podido escribirte antes porque perdí la agenda donde tenía tu correo ☹.

La semana pasada Juan me envió una carta para invitarme a su boda, ¿te acuerdas de él? Fuimos novios el primer año de la universidad, en la carta estaba su número de teléfono y lo llamé, ¡estuvimos hablando más de una hora! Hablamos de cuando los tres éramos jóvenes y estudiábamos juntos en la universidad, ¡qué recuerdos! Le pedí tu correo electrónico y por eso te escribo ahora, ¡estoy muy contenta! 😊

Actualmente vivo en Francia y he perdido el contacto con los compañeros de la universidad. Además, me casé hace tres años y tengo una hija de un año y medio y un niño de 2 meses. La niña se llama como tú, Irene, siempre me ha gustado tu nombre.

Cuando estaba en la universidad, no quería casarme ni tener hijos y, bueno, ahora que tengo 37 años todo es muy diferente; con los niños y con el trabajo estoy muy ocupada y no tengo mucho tiempo libre, y tú, ¿te has casado con Roger?, ¿tienes hijos?, ¿dónde vives ahora?

Juan me dijo que tú también estás invitada a su boda, ¿vas a ir, verdad? Es el 12 de abril, ya he comprado el billete de avión y espero verte allí. Tengo muchas ganas de hablar contigo y de presentarte a mi marido, Thierry.

Escríbeme o llámame, te dejo mi número (0033625696769), ¿vale?

Espero tu correo o tu llamada. ¡Hasta pronto!

Un beso,
Paula

PREGUNTAS

1 Paula no le escribió a Irene antes porque no:
   a. tenía tiempo para hacerlo.
   b. tenía su *e-mail*.
   c. le gusta escribir correos electrónicos.

2 En el texto se dice que Juan es:
   a. el hermano de Roger.
   b. el amigo de Thierry.
   c. el exnovio de Paula.

3 Según el texto, Juan escribió a Paula para:
   a. darle el *e-mail* de Irene.
   b. invitarla a su boda.
   c. hablar de cuando eran jóvenes.

4 Según el texto, el 12 de abril es:
   a. la boda de Juan.
   b. el aniversario de boda de Juan.
   c. el cumpleaños de Juan.

5 Paula quiere:
   a. tener otro hijo.
   b. conocer a Roger.
   c. tener respuesta de Irene.

COMPRENSIÓN AUDITIVA

34 Vas a escuchar una conversación entre un periodista y una escritora famosa. La conversación se repite dos veces. Indica si los enunciados se refieren al periodista (*a*), a Sandra (*b*) o a ninguno de los dos (*c*).

	ENUNCIADOS	a. Periodista	b. Sandra	c. Ninguno de los dos
0.	*Es una escritora de éxito.*		X	
1.	Le gustan los animales.			
2.	Quiere leer su último libro.			
3.	Ha empezado a escribir otra novela.			
4.	Estudió Veterinaria.			
5.	Ha vendido más de quince mil ejemplares.			
6.	La carrera universitaria le ayudó.			

EXPRESIÓN E INTERACCIÓN ESCRITAS

Tienes que escribir un texto sobre un mercado. Habla de:

- Cómo era.

- Con quién fuiste.

- Dónde estaba el mercado.

- Qué compraste o comiste.

- Qué te pareció.

Número de palabras: entre 70 y 80.

....
....
....
....
....
....

UNIDAD 14 — ¿ESTÁS EN FORMA? | SECUENCIA 1

1 EVENTOS DEPORTIVOS

1. A. Lee la información sobre Ernesto, después lee los textos y complétalos con las palabras que faltan.

Tengo unos días de vacaciones en octubre, del 13 al 21, y quiero participar en un triatlón en Andalucía.

Vivo en Madrid, pero tengo mucha familia allí. Nado y corro perfectamente, pero el ciclismo no me gusta, y a partir de los 50 kilómetros empiezo a tener algunas dificultades. No me gusta madrugar y me cuesta levantarme temprano. Tengo entre 135 y 150 euros máximo para pagar la inscripción.

ciclismo | competición | correr | recorrido | inscribirse | participar | evento | carrera | competir | natación

Guadiana Triatlón — 19 de octubre

Un triatlón único en dos países: España y Portugal.

Si te gusta ...., nadar y montar en bicicleta, participa en el triatlón en Isla Canela, en el sur de España.

...................: 1,9 km de 🏊, 90 km de 🚴 y 21 km de ....

Hora de salida: 8:20-8:40.

Precio: de 140 a 160 euros.

¡Una gran experiencia en dos países!

Triatlón Cabo de Gata — 20 de octubre

Un triatlón extremo, duro y muy diferente en el espacio natural andaluz de Cabo de Gata-Níjar.

Si queréis .... en la nueva edición, es importante .... antes del 1 de octubre.

Distancias: 1,9 km de ...., 80 km de 🚴 y 21 km de 🏃.

Hora de salida: 9:00.

Precio: de 130 a 202 euros.

¿Te animas? ¡Inscríbete!

Ican Gandía — 20 de octubre

Un .... deportivo excepcional en la ciudad de Gandía, a 59 km de Valencia.

Una .... con tres deportes diferentes: natación, ciclismo y carrera.

Distancias: 1,9 km de 🏊, 90 km de .... y 21 km de 🏃.

Hora de salida: 8:00-8:35.

Precio: de 159 euros a 191 euros.

Si te gusta ....,

¡te esperamos en Gandía!

B. Según la disponibilidad de Ernesto, marca si le conviene la fecha, el lugar…

	Guadiana triatlón	Triatlón Cabo de Gata	Ican Gandía
a. Fecha del evento			
b. Lugar de celebración			
c. Disciplinas: natación, carrera y ciclismo			
d. Hora			
e. Precio			

2. Subraya el intruso y relaciónalo con su categoría.

a. competición, carrera, participar
b. correr, recorrido, inscribirse
c. corredor, participante, competir

1. La acción
2. La persona
3. El evento

2 CIUDADES PARA CORRER

1. A. Lee este blog, subraya los verbos en imperativo y clasifícalos en la tabla.

EL ACUATLÓN, UN DEPORTE EN AGUA Y TIERRA

Inicio | Artículos | Consejos

El *acuatlón* es un deporte de resistencia individual en el que hay dos disciplinas: la carrera y la natación. Hay una carrera a pie de 2,5 km, natación en el mar de 1 km, y para terminar otra carrera a pie de 2,5 km. Entre las actividades no hay descanso. Cada año hay más personas interesadas en esta actividad deportiva, considerada como una modalidad del triatlón. Aquí tenemos algunos consejos de nuestros lectores para practicarlo.

Este deporte es muy duro: prepara la prueba y haz entrenamientos, de manera constante algunos meses antes. Nada en la piscina o en el mar y controla la entrada en el agua para no romper el ritmo. Lleva ropa cómoda y usa unas gafas de buena calidad.

Hidrátate bebiendo agua durante la carrera. Corre todos los días a un ritmo constante y descansa para recuperar energía. Concéntrate al máximo durante toda la prueba, y lo más importante, disfruta, compite y descubre tus límites.

-ar	-er	-ir

B. En los textos aparece un verbo irregular. ¿Cuál es?

....

3 PREPARARSE PARA CORRER

1. Completa las frases con el verbo en imperativo.

a. Si quieres disfrutar, (elegir) .... un evento deportivo interesante.

b. (Controlar) .... los alimentos que comes.

c. Si te gusta correr, (participar) .... en una maratón.

d. Para participar, (inscribirse) .... pronto.

e. (Hacer) .... deporte todas las semanas.

f. Si eres un corredor novel, (entrenar) .... cada día un poco.

g. Si estás deshidratado, (beber) .... mucha agua.

2. Miguel va a participar en una maratón. Observa las imágenes y escribe consejos. Utiliza estos verbos.

1. ir al médico | 2. comprar ropa de deporte | 3. descansar | 4. prepararse físicamente

a. ....

b. ....

c. ....

d. ....

UNIDAD 14 | ¿ESTÁS EN FORMA? | SECUENCIA 2

1 ¿GIMNASIO O POLIDEPORTIVO?

1. Lee estos 10 consejos y complétalos con el verbo en imperativo.

10 CONSEJOS PARA MEJORAR EL ESTADO FÍSICO

1. (Elegir) .... y (realizar) .... una actividad interesante.
2. (Ir) .... al gimnasio o (salir) .... a correr por un parque.
3. (Dosificar) .... tu esfuerzo y (administrar) .... bien tu tiempo.
4. (Hacer) .... una hora de actividad física al día.
5. (Realizar) .... deporte en compañía de otra persona.
6. (Caminar) .... si puedes para ir al trabajo o hacer las compras.
7. (Utilizar) .... un aparato y (controlar) .... la cantidad de pasos.
8. (Establecer) .... rutinas de actividad diaria.
9. (Cuidar) .... tu alimentación.
10. (Marcarse) .... objetivos reales.

2. Lee estos textos y escribe dos consejos para cada persona.

Me encantan las actividades al aire libre. No soy una persona con una rutina física constante, pero tengo una gran fuerza física y mental, ¿qué me aconsejas hacer?

No estoy en forma. No hago ejercicio desde hace un año y medio, pero tengo todo lo necesario en casa para hacer deporte: zapatillas y ropa, ¿me das un consejo?

a. ....

b. ....

2 ESTADOS FÍSICOS Y EMOCIONALES

1. A. Escribe para cada imagen un estado físico o emocional. Consulta la página 164 del libro del alumno.

B. Escribe un consejo para cada persona.

a. ....

b. ....

c. ....

d. ....

e. ....

f. ....

3 HAZ EJERCICIO

1. A. Lee este texto y complétalo con las palabras.

medicamentos | regiones | aburrido | conducta | excusas | sobrepeso

ESPAÑA: UN PAÍS SEDENTARIO

El sedentarismo es una .... de riesgo para nuestra salud. España es uno de los países con más sedentarismo del planeta.

El 60 % de los españoles, de entre 18 y 65 años, no practica ningún tipo de actividad física, y solo un 35 % practica ejercicio diariamente. El resultado es que casi 16 millones de ciudadanos españoles se consideran sedentarios.

Los españoles son expertos en buscar .... para justificar esta falta absoluta de ejercicio, por ejemplo, las obligaciones profesionales y labores no les permiten hacer deporte, prefieren ocupar su tiempo libre haciendo otras actividades como ir al cine o a cenar en un restaurante, el deporte es muy .... y caro y no saben dónde pueden ir a hacerlo.

El .... es uno de los graves problemas asociados al sedentarismo, además hay otros problemas como el consumo excesivo de .... y el riesgo de sufrir cáncer.

Las .... españolas más sedentarias son Castilla y León, Baleares y la Comunidad Valenciana, mientras que Andalucía, Asturias y Canarias son las más activas.

B. Ahora, responde a las preguntas.

a. ¿Qué es el sedentarismo?, ¿España es un país sedentario?
....

b. ¿Qué excusas ponen los españoles para no hacer actividades físicas?
....

c. ¿Qué problemas de salud causa el sedentarismo?
....

d. ¿En qué regiones españolas hay más personas no sedentarias?
....

UNIDAD 14 | ¿ESTÁS EN FORMA? | SECUENCIA 3

1 NO SOLO ACTIVIDADES FÍSICAS

1. Observa las imágenes de estos tipos de turismo alternativo y relaciónalos con los textos.

a
Turismo gastronómico

b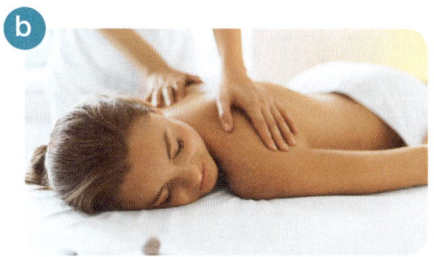
Turismo de salud

c
Turismo de sol y playa

1 Los turistas que practican este tipo de turismo buscan actividades en lugares con un clima agradable para disfrutar del mar.
Es una modalidad de turismo muy común en los países del Mediterráneo.

2 Estos turistas viajan a países o regiones de todo el mundo para conocer y probar la comida típica y tradicional.
Hay varias rutas de comida muy conocidas, por ejemplo, la ruta del jamón ibérico en España o la ruta de los mil sabores del mole en México.

3 Este turismo se divide en dos grupos: el médico y el de bienestar.
El primero consiste en viajar a otros países para hacer un tratamiento para alguna enfermedad o para realizar una cirugía estética, y en el segundo se pueden hacer actividades para relajarse en *spas* y piscinas.

2. A. Lee este texto sobre el turismo *slow* y complétalo con estas palabras.

rurales | alojamientos | integración | sostenible | viento | ritmo | pueblos

TURISMO SLOW

8-7-2019   Ed. 128372

En la década de los 80 nació el movimiento *slow* o movimiento lento. Este movimiento turístico reivindica el .... lento, la .... del turista en el destino, la comida gastronómica local y estar cerca de la naturaleza de manera ....

El concepto *slow* ha llegado también a España y muchas ciudades españolas lo han adaptado. Hay varios .... lentos en España y están en las comunidades autónomas del País Vasco, Cataluña, Aragón y Valencia. El turismo *slow* es muy importante ahora en Galicia y en la costa mediterránea. Menorca es una isla muy tranquila, y es un ejemplo de destino *slow* por sus restaurantes, ... y actividades en contacto con la naturaleza.

La isla más pequeña de las islas Canarias, la isla de El Hierro, es también un ejemplo perfecto del turismo *slow*. Es la primera isla autosuficiente del mundo que produce su energía con el ...., el agua y el sol.

Perfil del turista *slow*:
- Persona entre 25 y 65 años.
- Sus vacaciones son de una semana mínimo.
- Prefiere los hoteles pequeños, casas .... o refugios.
- No planifica sus viajes e improvisa.
- Le encanta hacer fotografías y el deporte.
- En su viaje es importante descubrir el patrimonio cultural y natural del lugar.

B. Lee el texto otra vez y marca si son verdaderas o falsas estas afirmaciones.

		V	F
a.	El movimiento turístico *slow* reivindica 5 cosas.	☐	☐
b.	El turismo *slow* da importancia a la gastronomía y la naturaleza.	☐	☐
c.	El concepto *slow* también está en España.	☐	☐
d.	Hay tres islas españolas que son ejemplos de turismo *slow*.	☐	☐
e.	Un turista *slow* tiene más de una semana de vacaciones.	☐	☐
f.	La planificación es fundamental en el turismo *slow*.	☐	☐

2 ¿QUEDAMOS?

1. A. Iris y Laura están en Salamanca leyendo la guía de turismo de la ciudad. Relaciona las rutas con los textos correspondientes.

ruta literaria | ruta gastronómica | ruta del arte urbano | ruta modernista | ruta religiosa

a. ....

En Salamanca se come muy bien. Es una ciudad muy conocida por sus embutidos y carnes. El chorizo y el jamón ibérico son muy famosos tanto dentro como fuera de España.

b. ....

¿Te gusta entrar en iglesias, conventos y catedrales? En esta ruta vas a visitar dos bonitas catedrales y una decena de iglesias.

TURISMO EN SALAMANCA

Ciudad patrimonio de la humanidad

c. ....

Si te gustan los libros y quieres conocer la figura de Miguel de Unamuno, un escritor español muy importante, puedes pasear por muchos lugares relacionados con él en Salamanca: la universidad, la Casa museo, la plaza Mayor.

d. ....

Salamanca tiene una fantástica ruta de edificios modernos muy interesantes que te van a gustar mucho. La ciudad tiene un puente del siglo XIX, el Museo de Art Nouveau y Art Déco dentro de la Casa Lis y una plaza de toros.

e. ....

Salamanca creó en 2013 una ruta artística contemporánea para revitalizar el Barrio del Oeste. Esta galería urbana es muy interesante.

B. Imagina que estás en Salamanca. ¿Qué ruta prefieres?

....

2. Iris y Laura piensan qué hacer en Salamanca. Completa el diálogo con las expresiones de la página 95 del libro del alumno.

P proponer | Q quedar | ☺ aceptar | ☹ rechazar | E excusa | J justificación

Iris: Hola, Laura, ¿(hacer la ruta de arte urbano, P1) ....?

Laura: ¡(☹) .... + (E) ....!

Iris: Bueno, ¿(ir de tapas, P2) ....?

Laura: (☺) ...., (encantar comer, J) ...., ¿(Venir, Pablo, P3) ....?

Iris: ¿(Quedar, 13:00, Q1) ....?

Laura: (☹) ...., ¿(quedar, 14:00, Q2) ....?

Iris: (☺) ....

Laura: ¡Genial!

UNIDAD 14 | EXAMEN DELE

COMPRENSIÓN DE LECTURA

Lee el correo electrónico que Daniela ha escrito a su amigo Aarón. A continuación, contesta a las preguntas. Selecciona la opción correcta (*a*, *b* o *c*).

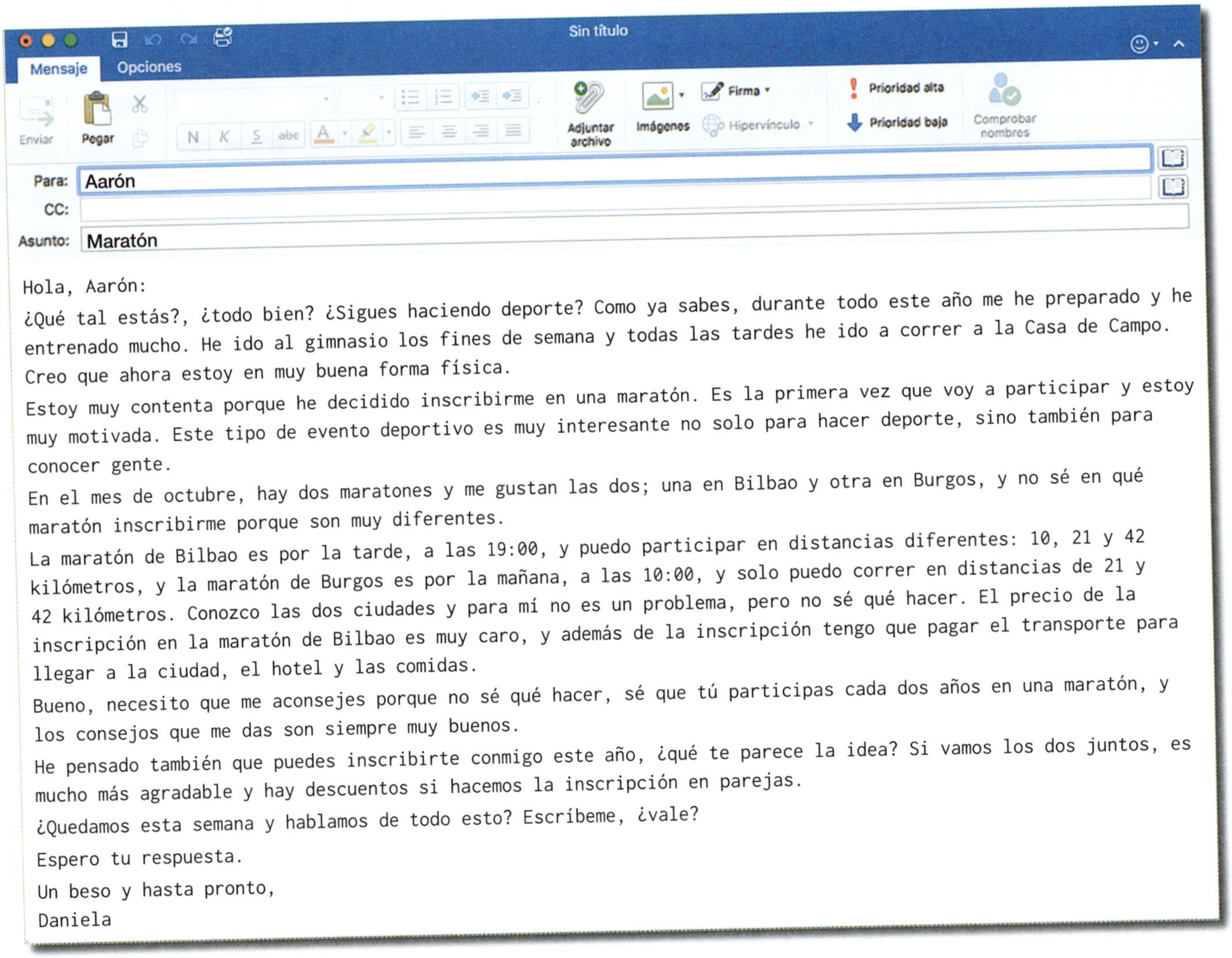

Para: Aarón
CC:
Asunto: Maratón

Hola, Aarón:

¿Qué tal estás?, ¿todo bien? ¿Sigues haciendo deporte? Como ya sabes, durante todo este año me he preparado y he entrenado mucho. He ido al gimnasio los fines de semana y todas las tardes he ido a correr a la Casa de Campo. Creo que ahora estoy en muy buena forma física.

Estoy muy contenta porque he decidido inscribirme en una maratón. Es la primera vez que voy a participar y estoy muy motivada. Este tipo de evento deportivo es muy interesante no solo para hacer deporte, sino también para conocer gente.

En el mes de octubre, hay dos maratones y me gustan las dos; una en Bilbao y otra en Burgos, y no sé en qué maratón inscribirme porque son muy diferentes.

La maratón de Bilbao es por la tarde, a las 19:00, y puedo participar en distancias diferentes: 10, 21 y 42 kilómetros, y la maratón de Burgos es por la mañana, a las 10:00, y solo puedo correr en distancias de 21 y 42 kilómetros. Conozco las dos ciudades y para mí no es un problema, pero no sé qué hacer. El precio de la inscripción en la maratón de Bilbao es muy caro, y además de la inscripción tengo que pagar el transporte para llegar a la ciudad, el hotel y las comidas.

Bueno, necesito que me aconsejes porque no sé qué hacer, sé que tú participas cada dos años en una maratón, y los consejos que me das son siempre muy buenos.

He pensado también que puedes inscribirte conmigo este año, ¿qué te parece la idea? Si vamos los dos juntos, es mucho más agradable y hay descuentos si hacemos la inscripción en parejas.

¿Quedamos esta semana y hablamos de todo esto? Escríbeme, ¿vale?

Espero tu respuesta.

Un beso y hasta pronto,
Daniela

PREGUNTAS

1 Daniela ha escrito a Aarón para:
a. explicarle lo que hace un día de la semana.
b. proponerle ir al gimnasio con ella.
c. recibir un consejo de su parte.

2 En el texto, se dice que Daniela:
a. hace mucho deporte.
b. no tiene una buena forma física.
c. quiere ir a la Casa de Campo.

3 Según el texto, Aarón participa en una maratón:
a. solo si un amigo lo acompaña.
b. un año sí y otro no.
c. todos los años.

4 Según el texto, Daniela quiere inscribirse en:
a. la maratón más barata.
b. dos maratones en octubre.
c. una de las dos maratones que le gustan.

5 Daniela quiere:
a. hacer la maratón solo si va Aarón.
b. una respuesta de Aarón a su *e-mail*.
c. cenar con Aarón.

COMPRENSIÓN AUDITIVA

35 Vas a escuchar una conversación entre dos personas, Elisa y Mario. La conversación se repite dos veces. Indica si los enunciados se refieren a Elisa (*a*), a Mario (*b*) o a ninguno de los dos (*c*).

	ENUNCIADOS	a. Elisa	b. Mario	c. Ninguno de los dos
0.	*Ha estado en Roquetas de Mar.*		X	
1.	Necesita unas gafas.			
2.	Quiere comprarse unas deportivas.			
3.	Va a correr en Málaga.			
4.	Empieza el viernes a las 18:00 a correr.			
5.	Hace poco deporte.			
6.	Tiene que tener paciencia.			

EXPRESIÓN E INTERACCIÓN ESCRITAS

Tienes que escribir un texto sobre un evento deportivo. Habla de:

- Dónde fue y cuándo.

- Con quién fuiste.

- Qué actividad hiciste.

- Cuál fue el resultado.

- Tu opinión sobre el evento.

Número de palabras: entre 70 y 80.

....

....

....

....

....

TRANSCRIPCIONES

UNIDAD 1
Pista 1
¿Eres española?, **a.** Es profesora.,
b. ¿Son argentinos?, **c.** Sois de París.,
d. ¿Te llamas Pablo?

Pista 2
a. Se llama Marc: eme, a, erre, ce.
Se llama Isabel: i, ese, a, be, e, ele.
b. Es español. Es joven y deportista.
Es piloto de motociclismo. Habla inglés, catalán y español. Se llama Marc y sus apellidos son Márquez Alentà.
Es de Lima, Perú. Es escritora y habla español e inglés. Se llama Isabel y sus apellidos son Allende Llona.

Pista 3
Ejemplo:
Mujer: Carlos, ¿tienes las entradas para el concierto de Enrique Iglesias?
Hombre: Sí, aquí están. Vamos mañana a las 22:00.
Narrador: ¿A qué hora es el concierto?
La opción correcta es la *c*.
Diálogo 1
Hombre: Hola, buenos días, ¿qué tal estáis? ¿De dónde sois?
Mujer: ¡Hola! Somos chinas, de Pekín, pero vivimos en Madrid.
Narrador: ¿Quiénes son?
Diálogo 2
Hombre: Buenos días, Laura. ¿Eres de Buenos Aires?
Mujer: No, no, yo soy canadiense, de Montreal, pero hablo español muy bien.
Narrador: ¿De dónde es Laura?
Diálogo 3
Mujer: Jorge, tú hablas muchas lenguas, ¿no? ¿Hablas francés y portugués?
Hombre: Sí, y también hablo español, pero no hablo árabe, ¡es muy difícil!
Narrador: ¿Qué lengua no habla Jorge?
Diálogo 4
Hombre: ¡Hola, Raquel! ¿Eres profesora? ¿Trabajas en una escuela?
Mujer: No, no, trabajo en un restaurante francés en el centro de la ciudad.
Narrador: ¿Cuál es la profesión de Raquel?
Diálogo 5
Mujer: Juan, ¿por qué estudias español?
Hombre: Porque tengo amigos en Chile, y hablo con ellos por Skype los fines de semana.
Narrador: ¿Por qué estudia español Juan?

UNIDAD 2
Pista 4
a. verano **f.** calendario
b. ropa **g.** serie
c. diciembre **h.** trabajar
d. hora **i.** perro
e. abierto **j.** Laura

Pista 5
1. Los fines de semana por la mañana siempre me levanto tarde. Luego, desayuno y practico deporte en el parque del Retiro.
2. Yo por las tardes, después del trabajo, practico yoga. Después, en casa, me ducho y veo la tele antes de cenar.
3. De lunes a viernes, después de cenar, veo una serie o leo un libro.
4. Yo los sábados por la tarde tomo un café con mis amigos. Muchas veces los sábados por la noche bailamos en la discoteca.

Pista 6
Ejemplo:
Mujer: ¿De dónde vienes?
Hombre: Del supermercado, pero estaba cerrado.
Narrador: ¿De dónde viene el señor?
La opción correcta es la *b*.
Diálogo 1
Mujer: ¿Cuál es el horario del centro comercial?
Hombre: De diez de la mañana a diez de la noche.
Narrador: ¿A qué hora está cerrado el centro comercial?
Diálogo 2
Hombre: ¿Vamos mañana a tomar un café?
Mujer: Sí, vamos después del trabajo.
Narrador: ¿Adónde van mañana?
Diálogo 3
Hombre: ¡Buf! Hoy estoy muy cansado…
Mujer: Yo también. ¿Vemos una película después de cenar?
Narrador: ¿Qué hacen para relajarse?
Diálogo 4
Mujer: ¿Está abierto el gimnasio?
Hombre: No, en julio siempre cierra.
Narrador: ¿Cuándo está cerrado el gimnasio?
Diálogo 5
Hombre: El sábado por la mañana voy a correr al parque, ¿vienes?
Mujer: No puedo, tengo clase de tenis.
Narrador: ¿Qué hace Ana el sábado?

UNIDAD 3
Pista 7
a. colegio **f.** medicina
b. pequeño **g.** centro
c. edificio **h.** Cuba
d. esquina **i.** parque
e. mercado **j.** cafetería

Pista 8
Ejemplo:
Estoy muy contento de vivir en esta ciudad porque hay muchos espacios verdes. Todos los días voy a correr y a practicar deporte.
La opción correcta es la *e*.
Mensaje 1: El centro histórico de Bilbao es la zona más turística de la ciudad. Se caracteriza por tener calles estrechas, edificios antiguos y muchas tiendas y restaurantes.
Mensaje 2: En la Puerta del Sol hay una oficina de información. Allí pueden darnos un plano de la ciudad y explicarnos dónde están los monumentos.
Mensaje 3: ¿El fin de semana vamos a la biblioteca? Tengo que consultar unos libros para hacer un trabajo de la universidad.
Mensaje 4: Sigue todo recto y luego toma la segunda a la derecha. El teatro está en la esquina, al final de la calle.
Mensaje 5: Para ir al trabajo tengo que tomar dos autobuses. Primero uno hasta el centro y luego otro hasta el barrio financiero.

UNIDAD 4
Pista 9
— Me llamo Lola. Mi foto de perfil de Facebook es una foto en blanco y negro con mi hijo Santi. No tengo WhatsApp. Mi pareja se llama Darío y es muy positivo.
Soy muy alegre, pero a veces soy tímida. Mi signo es acuario. Tengo muchas fotos de Puebla.
— Soy Enrique. Tengo un carácter bastante difícil porque soy muy tímido. Mi signo es virgo. En mi perfil de Instagram tengo una foto de la playa. No tengo pareja. Mis fotos con mis amigos en Quito son fantásticas.
— Me llamo Luisa. Tengo Facebook e Instagram. En las dos redes sociales tengo una foto con mis amigos. Soy

muy divertida y romántica. Mi pareja es Marcos y es muy sociable. Somos piscis. Tengo fotos con mi familia en Antigua.

Pista 10
a. Barcelona
b. utilizar
c. trabajador
d. favorito
e. Venezuela
f. aburrido
g. Zamora
h. Ciudad Real
i. veces
j. Almanzor

Pista 11
Ejemplo:
En mi perfil de Facebook y de Instagram tengo una foto, en blanco y negro, de una playa fantástica.
La opción correcta es la a.
Mensaje 1: Estos son mis abuelos Manuel y Carmen. Manuel es muy, muy romántico y mi abuela es bastante tímida. Tienen tres hijos y cuatro nietos.
Mensaje 2: Nuestra mascota es un gato. Se llama Aspi. Tiene un carácter sociable y divertido. En nuestra foto de perfil de Facebook estamos con él.
Mensaje 3: Sí, es verdad, mis padres son muy, muy familiares. Organizan fiestas en casa para toda la familia para las celebraciones de Navidad y Nochevieja.
Mensaje 4: Estos son mis tíos Miguel y Manuela. Mis tíos tienen dos hijos que son mis primos, Luisa y Simón. Mis tíos son muy trabajadores e inteligentes.
Mensaje 5: Mi pareja es muy alegre y positiva. Se llama Rodrigo y su signo es virgo. Tiene un perfil en Facebook con una foto muy bonita.

UNIDAD 5
Pista 12
— Soy Nuria y me gusta comer *sushi* en un restaurante japonés cerca de mi casa. No me gusta nada cocinar. Me encanta el color azul, el color del cielo. ¡Es muy bonito! Me gustan mucho las excursiones con mi marido y mis hijos.
— Soy Rafael, me encanta el color rojo, ¡el color del amor!, y comer *pizzas*. Me gusta mucho el deporte, a veces juego al fútbol con mis amigos, pero no me gusta nada ver partidos en la televisión. ¡Es muy aburrido! Prefiero el equipo del Real Madrid al del Barça.

— Soy Belén, me encanta Sevilla, es una ciudad fantástica con un centro histórico muy bonito. Me gustan mucho las hamburguesas de un restaurante cerca de mi trabajo. No me gusta el color naranja.

Pista 13
a. trabajo
b. Guillermo
c. amigo
d. alguno
e. hamburguesa
f. ejercicio
g. vegetariano
h. gimnasio
i. jardín

Pista 14
a. mujer
b. hijo
c. egoísta
d. jefe
e. lengua
f. guitarra
g. pareja
h. inteligente

Pista 15
Ejemplo:
Martina: A mí me encanta visitar el Jardín Botánico de Madrid y hacer muchas fotografías de las flores.
La opción correcta es la *k*.
Martina: A mi hermana Celia no le gustan las mismas cosas que a mí, a ella le gusta tomar café y hablar con sus amigos en el café Central.
Elige la opción correcta.
Martina: A mi padre le gusta mucho hacer puzles y le encanta preparar tapas para toda la familia, ¡las tapas de mi padre son muy buenas! Comemos tapas todos los fines de semana.
Elige la opción correcta.
Martina: A mi madre le gusta salir a pasear por la ciudad en primavera y le encanta Budapest, ¡qué ciudad tan bonita!, ¿verdad?
Elige la opción correcta.
Martina: A mi hermano Daniel le gusta el color amarillo, el color del sol.
Elige la opción correcta.
Martina: A mi hermano Samuel le encanta hacer *rafting* en verano y comer *sushi* con amigos. ¡A mí no me gusta el *sushi*!
Elige la opción correcta.
Martina: A mi prima Alicia le gusta hacer escapadas los fines de semana y le gusta hacer excursiones a la montaña en bicicleta.
Elige la opción correcta.
Martina: A mi primo Gabriel le encanta ver todo el día muchas películas españolas.

Elige la opción correcta.
Martina: A mi tío Luis no le gusta ir al teatro, pero le encanta ir al cine para ver películas estadounidenses.
Elige la opción correcta.

Pista 16
Amigo: Sandra, ¿qué haces en tu tiempo libre? ¿Y los fines de semana?
Sandra: En mi tiempo libre me gusta mucho hacer deporte. Hay muchos gimnasios cerca de mi casa y yo voy al gimnasio todos los días. Nunca voy por la mañana porque hay mucha gente. Los sábados salgo por la mañana con mis amigos a pasear por la montaña. Hacemos muchas fotos bonitas de paisajes. Por la tarde prefiero escuchar música y leer en casa. Por la noche salgo a bailar salsa, ¡me encanta bailar! Siempre bailo con mi amigo Javier, bailo muy bien.
Los domingos por la mañana me gusta ir con mi hermana al mercadillo del Rastro a pasear y a comprar. Después, vamos a comer juntas, a veces comemos paella o pollo asado. A mi hermana y a mí nos gustan las mismas comidas. Por la tarde vamos al cine con amigos y tomamos algo.

UNIDAD 6
Pista 17
— Soy Celia, me encanta la ropa. Mi estilo es muy elegante. En mi armario hay muchas prendas. Compro ropa con mucha frecuencia, en general, una vez al mes. Uso toda mi ropa y no reciclo nada.
— Soy Cosme. No tengo un estilo definido. Mi ropa es moderna e informal. Tengo demasiada ropa, pero no me gusta ir a comprar ropa. Compro ropa cada seis meses. Tengo ropa que no uso y la vendo en Wallapop o eBay.
— Soy Alicia, mi estilo es muy original. Tengo bastante ropa. Compro ropa cada tres meses. ¡En mi ciudad hace mucho frío! Reciclo mi ropa.

Pista 18
a. mucho
b. pequeño
c. habitación
d. tamaño
e. silla
f. coche
g. compañero
h. llamar
i. ducharse
j. hacer
k. ellos
l. hotel

TRANSCRIPCIONES

Pista 19
Ejemplo: Me encanta correr y corro todos los domingos. Tengo muchas deportivas en mi armario, pero mis deportivas preferidas son de color rosa y amarillo.
La opción correcta es la *b*.
Mensaje 1: Mi amiga Isabel, cuando va a la playa en verano, lleva ropa muy cómoda. Lleva unos pantalones cortos azules, una camiseta blanca y rosa y una gorra.
Mensaje 2: En esta aplicación creo un avatar como yo. Tiene el pelo moreno y lleva gafas.
Mensaje 3: Necesito comprar algunas prendas de ropa de invierno para ir a la montaña. Necesito una bufanda verde, un gorro amarillo y un jersey gris.
Mensaje 4: Mi avatar es un hombre alto y delgado. Tiene el pelo rubio y los ojos son marrones. Lleva gafas negras.
Mensaje 5: Cuando voy a esquiar a la montaña, llevo ropa muy cómoda. Llevo siempre un gorro negro, una bufanda azul y un jersey rojo.

UNIDAD 7
Pista 20
— Soy Guadalupe. Hago natación los martes. Mi nadadora española preferida es Mireia Belmonte. Además, hago yoga dos veces por semana. Como mucha carne y poco pescado azul. Me encanta el brécol. Como plátanos para desayunar y piña para la cena.
— Soy Gloria. En el colegio hacemos patinaje. ¡Me encanta Javier Fernández! Quiero patinar como él. Me río mucho con mis amigos. No como mucha verdura porque no me gusta, pero sí como zanahorias. Tampoco me gusta la fruta, pero como una manzana todos los días.
— Soy Nicolás, soy muy deportista. Todos los días hago una hora de deporte. Me gusta estar en forma, corro en los parques de la ciudad. Bebo un poco de alcohol los sábados. Como verdura en todas las comidas, mis preferidas son las berenjenas y los pimientos asados. También me gustan mucho las uvas.

Pista 21
a. café
b. pescado
c. miércoles
d. terraza
e. jamón
f. número

Pista 22
a. fruta
b. ración
c. semana
d. patata
e. alérgico
f. aquí
g. tapa
h. cenar
i. rápido

Pista 23
Ejemplo:
Irene: Mis compañeros y yo tenemos un estilo de vida diferente y a veces no es muy saludable. Todos los días tomo para desayunar dos frutas y té. ¡Me gusta mucho el té verde!
No tomo café. ¡Es muy excitante!
La opción correcta es la *j*.
Irene: Ernesto tiene una dieta muy sana: come frutas, verduras, pescado, pan, pasta, legumbres… todo con aceite de oliva, no toma azúcar ni grasas.
Elige la opción correcta.
Irene: Óscar come mucho pescado azul, ¡este alimento es muy bueno para el cerebro!
Elige la opción correcta.
Irene: Manuel hace todos los días 15 minutos de yoga en su casa, pero toma mucho café y no come fruta.
Elige la opción correcta.
Irene: Andrea solo consume en sus comidas frutas y verduras, ¡le encantan las zanahorias!
Elige la opción correcta.
Irene: Isabel es muy divertida, tiene muchos amigos y queda con sus amigos.
Elige la opción correcta.
Irene: Mercedes toma muchos refrescos, pero tiene un consumo moderado del café y del alcohol, toma muchas veces a la semana salchichas.
Elige la opción correcta.
Irene: Javier hace mucho deporte y bebe más de dos litros de agua al día.
Elige la opción correcta.
Irene: Míriam no se ríe mucho, pero es muy simpática. ¡Es bueno reírse para tener una vida más feliz!
Elige la opción correcta.

Pista 24
Amigo: ¡Hola, Ángela! ¿Tienes una vida saludable? ¿Qué puedes hacer para mejorar tu vida?
Ángela: Sí, mi vida diaria es saludable. Hago cinco comidas al día y bebo tres tazas de té verde. Como muchas berenjenas, zanahorias y pimientos, ¡me gusta mucho el brécol! También tomo mucha fruta y pescado. El aceite de oliva es muy importante en mis comidas. Como cuarenta gramos de chocolate al día para activar mi memoria. Además, no tomo café y a veces bebo un poco, pero no mucho, y solo los fines de semana. Para mejorar mi vida debo dormir un poco más. Por las noches no puedo dormir, pero no me gusta la leche caliente, que es un fantástico sedante. Es necesario dormir ocho horas y solo duermo seis.

UNIDAD 8
Pista 25
Ejemplo:
Diana: Hoy he visto un programa de televisión muy interesante sobre los Premios Nobel.
La opción correcta es la *g*.
Diana: En España ocho personas han ganado este premio.
Elige la opción correcta.
Diana: De los ocho premios entregados, seis son de Literatura y dos de Medicina.
Elige la opción correcta.
Diana: Escritor, matemático, ingeniero y político, José Echegaray ha sido el primer español en ganar el Nobel de Literatura. Es el matemático español más importante del siglo XIX.
Elige la opción correcta.
Diana: El segundo Nobel de Literatura es el de Jacinto Benavente, escritor, director y productor de cine.
Elige la opción correcta.
Diana: También Juan Ramón Jiménez, Vicente Aleixandre y Camilo José Cela, importantes escritores del siglo XX, han recibido el Nobel de Literatura.
Elige la opción correcta.
Diana: El último autor en recibirlo ha sido Mario Vargas Llosa, desde 1993 es peruano y español.
Elige la opción correcta.
Diana: En el campo científico, un español, Santiago Ramón y Cajal, gana por primera vez el Nobel de Ciencias por sus investigaciones en Medicina.
Elige la opción correcta.
Diana: 53 años después Severo Ochoa recibe el mismo premio.
Elige la opción correcta.

Pista 26
Miguel: Hola, Silvia, ¿qué tal el trabajo?
Silvia: ¡Hola, Miguel! Bien, ahora estoy en un colegio nuevo. Es el Beatriz

Galindo, está muy cerca de mi casa y voy andando. Estoy muy contenta. Es un colegio pequeño,
por eso el ambiente entre los profesores es muy familiar. Doy clases de Lengua Española a los estudiantes de 2.º y de 3.º, y de Literatura a los de 4.º. Tengo 25 estudiantes en cada clase, son bastantes, pero son muy buenos. No hablan mucho y son bastante trabajadores. Es muy agradable trabajar con ellos. Además, solo tengo clase tres días: los lunes, miércoles y viernes. Los martes, de diez a doce, tengo tutorías para atender a los padres y los jueves estoy en la biblioteca toda la mañana con dos profesores. Allí corregimos los exámenes y preparamos las clases siguientes. ¡Me encanta mi trabajo!

UNIDAD 9
Pista 27

— Hola, Manuel, buenas tardes, ¿cómo está?, ¿qué le pasa?
— ¡Buenas tardes, doctora García! ¡Ay, ay, estoy fatal, estoy muy enfermo!
— Pero… ¿desde cuándo se encuentra mal?
— Pues… desde hace dos días.
— ¿Y por qué no ha venido antes?
— Bueno, porque… no sé… no he podido venir antes.
— ¿Y qué síntomas tiene?
— Me duelen los oídos, me duele la cabeza y tengo bastante fiebre, ¡creo que casi 39,5!
— ¡39,5! ¡Es mucha fiebre!
— Sí, sí, lo sé. Me he tomado unas pastillas para bajarla.
— ¿Está cansado y mareado?
— Sí, estoy bastante cansado, y hace dos días que no voy al trabajo porque estoy muy mareado. No puedo estar de pie durante mucho tiempo.
— Con esos síntomas es normal que se encuentre mal. Manuel, tiene gripe.
— ¿Gripe?
— Sí, ¿tiene tos?
— Sí, sí, también tengo mucha tos por la noche y me duele mucho la garganta cuando toso. ¿Qué debo hacer ahora?
— Debe ir a su casa y acostarse. Antes, es necesario pasar por la farmacia para comprar los medicamentos. Para la fiebre y el dolor de cabeza puede tomarse estas pastillas durante cinco días, para el dolor de oídos puede ponerse unas gotas tres veces al día, por la mañana, por la tarde y por la noche, y para la tos y el dolor de garganta debe tomar un jarabe antes de dormir durante cuatro días. Es bueno tomar té con miel y limón. Es fundamental descansar y beber mucho zumo de naranja.

— Gracias, doctora García.
— De nada. ¡Ánimo, Manuel!

UNIDAD 10
Pista 28

a. siesta
b. memoria
c. cereales
d. aire
e. paseo
f. aceite
g. caer
h. leer
i. gimnasio

Pista 29

proteína – país – fría – depresión – también

Pista 30

Anuncio 1. Según el Instituto Nacional de Estadística el número de neorrurales ha aumentado este último año en España. Con la crisis económica del siglo XXI, el movimiento de los neorrurales se ha intensificado. La crisis ha impulsado esta nueva alternativa de vida en el campo entre los más jóvenes.
Anuncio 2. ¿Vivir en la ciudad o en el campo?, ¿cuál es la mejor opción? Para muchas personas la vida en el campo es menos estresante, más sana y relajada que la vida en la ciudad, por eso mucha gente está optando ahora por este nuevo y alternativo modo de vida que impacta de manera positiva en la calidad de vida y la salud.
Anuncio 3. ¿Qué es mejor, comer fruta y verdura de la agricultura ecológica o fruta y verdura del supermercado tradicional? La respuesta es clara: los productos ecológicos procedentes de cultivos naturales son mucho mejores para la salud. El campo ofrece nuevas oportunidades para la agricultura ecológica y promueve un consumo responsable. El precio de estos productos es más caro, pero la calidad es muy superior.
Anuncio 4. La lista de maravillas naturales en Hispanoamérica es muy larga. ¿Quién no ha oído hablar del desierto de Atacama, de las cataratas de Iguazú o de las Islas Galápagos? Ríos, bosques, montañas, volcanes e islas. Todas estas maravillas podemos visitarlas en Chile, Argentina, Perú y Ecuador. ¿Te animas a hacer un viaje con nosotros? Te esperamos en la agencia Viajes de aventura.
Anuncio 5. ¿Conoces Ecuador?, ¿quieres visitar las famosas Islas Galápagos, declaradas patrimonio de la humanidad en 1978 por la Unesco, con nuestra agencia Viajes de aventura? Precios económicos, viajes personalizados en grupo o de forma individual para visitar este magnífico archipiélago del océano Pacífico, formado por trece islas. ¡El mejor turismo ecológico en estas islas encantadas!
Anuncio 6. ¿Quieres visitar una de las más importantes maravillas naturales de España?, ¿conoces la playa de las Ca-

tedrales? Es un monumento natural que está situado en Galicia, en la provincia de Lugo, sobre el mar Cantábrico. Es una de las playas más bonitas de España y de Europa. Además, es muy grande. Todos los años muchos turistas visitan este lugar. ¡Es una verdadera maravilla!
Anuncio 7. El mejor viaje de tu vida es posible con nuestra agencia Viajes de aventura. ¿Dónde quieres ir?, ¿quieres ver alguna maravilla natural especial de España o América Latina? Nosotros te ayudamos a organizar y preparar el viaje: reserva de avión, comidas, hotel, visitas y excursiones. Puedes llamarnos y te organizamos el viaje de tus sueños.

UNIDAD 11
Pista 31

— Soy Bruno y me gradué en Literatura Española en 2013. Al año siguiente de mi graduación, no pude hacer un máster en Lingüística. Por eso, de 2014 a 2015 fui a Francia a trabajar como profesor en la universidad de Aviñón. Durante este año como profesor, conocí a mis mejores amigos franceses. Después de esta experiencia profesional, fui 3 meses a Malta a perfeccionar mi nivel de inglés. Hace un año que estoy en San Sebastián, y desde hace cinco meses estudio Traducción e Interpretación.
— Soy Clara y me gradué en el año 2000 en Enfermería. Al año siguiente fui con una beca a estudiar un máster en Finlandia. ¡Fue una experiencia fantástica! En el invierno de 2003, hice unas prácticas de seis meses en un hospital de Pamplona. Un año después de terminar las prácticas, encontré un trabajo en una clínica privada en Escocia. Desde 2014 vivo en Edimburgo. Soy enfermera y trabajo en un hospital.
— Soy Martín. Estudié un grado de Arquitectura en 2007 e hice un máster en Diseño Urbano de 2009 a 2010. Al año siguiente hice unas prácticas de un mes en Estocolmo y después fui a Nueva York a estudiar durante 5 meses, ¡me encantó esta ciudad! Durante estos meses en Estados Unidos me enamoré de Megan, una chica estadounidense extraordinaria. Me casé con ella en 2014. Dos años después nació nuestro hijo Teo. Soy arquitecto y hace un año que vivo en Barcelona con mi familia.

Pista 32

Mensaje 0. ¿Quieres trabajar en otro país? Ahora es mucho más fácil que antes. Envíanos tu currículum y una carta de presentación, y nosotros nos ocupamos de buscar un trabajo adaptado a tu formación y experiencia. Tu futuro profesional está en el extranjero.
Mensaje 1. Si quieres hacer negocios en España, debes saber que en el ámbito la-

TRANSCRIPCIONES

boral español las negociaciones son largas, relajadas y las relaciones entre las personas son más informales. La pausa para comer y la sobremesa son muy importantes en la negociación.

Mensaje 2. ETEX, empresa líder en el sector educativo, ofrece a jóvenes titulados la posibilidad de hacer prácticas en España o en el extranjero gracias a su beca de estudios. Si estás interesado, envía tu currículum a etex@estudios.com. ¡Te esperamos!

Mensaje 3. Si tienes una carrera universitaria con buenas notas, experiencia profesional de un año, excelentes habilidades informáticas, carné de conducir y buscas un futuro profesional estable en una gran empresa española, ALIPAT te ofrece tu primer trabajo. ¡Llámanos!

Mensaje 4. Para negociar en España es necesario conocer algunas *normas*. Debemos tratar a las personas utilizando *señor* y *señora*. El saludo más habitual es darse la mano. Si hay confianza, en algunas ocasiones, es posible darse dos besos.

Mensaje 5. El 64 % de los españoles de entre 20 y 34 años que no tiene trabajo en España está pensando buscar trabajo en otros países europeos. Para poder encontrar un trabajo en el extranjero es necesario tener una titulación universitaria y hablar inglés.

Mensaje 6. Cada año el porcentaje de jóvenes españoles que decide hacer prácticas en un país extranjero o un voluntariado en una organización humanitaria internacional es mayor. Trabajar en un país extranjero tiene muchas ventajas: aprendes una cultura, una forma de vivir y una lengua.

UNIDAD 13
Pista 33

— Soy Noemí y voy a hablar de mi infancia. Cuando tenía 4 años, era rubia; ahora con 52 años mi pelo es castaño. Cuando era pequeña, era muy tímida, casi no hablaba porque era una niña muy introvertida, ahora que soy mayor soy más habladora y extrovertida. A los 10 años solo comía pollo con patatas fritas, ¡era mi comida preferida! Hacía muchas actividades, pero la que más me gustaba era pintar, ¡pinto muy bien!, y soy profesora de Historia del Arte.

— Soy Matías y a los 5 años era moreno, ahora con 27 soy calvo. De pequeño era un niño muy activo y sociable, me gustaba jugar con todos los niños de mi clase. Era un niño muy difícil para la comida porque no comía muchas frutas ni verduras, mi comida preferida era la paella que hacía mi padre. En el colegio hacía mucho deporte y mi preferido era el atletismo, me gusta mucho correr hoy todavía y ahora corro todos los domingos una hora.

— Soy Estela y ahora tengo 40 años, cuando era niña tenía el pelo castaño, pero ahora lo tengo moreno. De pequeña era muy alegre y simpática, siempre me estaba riendo con mis amigos en el colegio. No me gustaba mucho la carne, pero comía mucha fruta, mi comida preferida era el salmón con verduras, pero solo comía este plato una vez al mes.

A los 12 años no era muy deportista y mi actividad preferida era leer, ¡leía un libro cada semana!

Pista 34

— Hola, Sandra, buenas tardes. Es un placer para mí poder hacerte esta entrevista hoy.

— ¡Hola a todos, buenas tardes! El placer es mío.

— En este momento eres una de las escritoras con más éxito no solo en España, sino también en América Latina, la semana pasada salió a la venta tu última novela titulada: *Si crees, creas*, y ya se han vendido más de doce mil ejemplares, ¡es un auténtico *best seller*! ¿Estás contenta?

— Sí, sí, estoy muy feliz. Es una semana fantástica.

— Y dime, Sandra, cuando eras pequeña, ¿querías ser escritora?

— No, la verdad es que no. Cuando tenía cinco años, quería ser veterinaria, ¡me encantan los animales!

— ¿Y qué pasó? ¿Por qué cambiaste de idea?

— Cuando era pequeña, mis padres me compraban muchos libros y yo pasaba mucho tiempo sola leyendo en mi habitación. Con 12 años, me aficioné a la escritura y empecé a escribir un diario y algunas poesías, con 18 años empecé a estudiar Periodismo, y después con 25 decidí ser escritora.

— ¿Tu carrera universitaria te ha ayudado a escribir?

— Sí, claro que sí, me ha ayudado mucho.

— Sandra, ¿de dónde tienes inspiración para escribir?

— Esta pregunta es muy interesante. Yo me inspiro en mi vida, en mis viajes, en las cosas que he vivido…, pero mis novelas son pura ficción.

— Entonces, ¿tus novelas no son autobiográficas?

— No, no, no lo son.

— ¿Estás pensando en escribir otra novela?

— Hum, sí, sí, muy pronto… ya he empezado a escribirla.

— Muchas gracias, Sandra, ¡estoy deseando leer tu última novela!

— Gracias a vosotros.

UNIDAD 14
Pista 35

— Hola, Elisa: ¿al final has decidido a qué *acuatlón* te vas a inscribir?

— Hola, Mario: pues la verdad es que todavía no. No sé, hay varios que me gustan, pero no me decido… Hay uno en Roquetas de Mar y otro en Almería. Los dos me parecen muy interesantes por el recorrido y la organización, pero… hum…

— Yo conozco el de Roquetas de Mar, porque participé el año pasado. La playa de la Serena es mi preferida y es perfecta para nadar y correr. Inscríbete en ese *acuatlón*.

— ¡Genial!, pues si me dices que es mejor que el de Almería, me inscribo en ese.

— Sí, sí, en ese. Te va a gustar mucho la experiencia.

— Vale, gracias por el consejo. Antes de hacer la inscripción quiero ir a comprarme unas nuevas gafas de piscina, ¿me acompañas?

— Sí, es una buena idea porque yo tengo que comprarme unas zapatillas de deporte, las que tengo están muy viejas, son muy cómodas, pero para hacer una maratón de 21 kilómetros necesito unas nuevas.

— ¿Para hacer una maratón?, ¿vas a correr?

— Sí, Elisa, no te lo he dicho, pero me he inscrito en la maratón de Málaga.

— ¿De verdad?, ¡no me lo puedo creer!, ¡tú haces poco deporte!

— Sí, es verdad, no hago mucho deporte, pero como la maratón es en diciembre tengo tiempo para prepararme y para correr tres o cuatro veces a la semana. Estoy muy contento y nervioso pensando en la carrera.

— ¿Quieres que corramos juntos por las tardes?

— ¡Buena idea! No corro muy rápido y me canso rápidamente… tienes que tener paciencia conmigo.

— Vale, Mario. ¿Empezamos el sábado a las 18:00 el entrenamiento?

— Sí, perfecto. Gracias, Elisa.

— De nada, Mario.